AF567207

lebe.jetzt
LIEBE BEZIEHUNG SEX

Henriette Jade

# Erotische Rollenspiele

## für Paare

Erotik-Ratgeber

LEBE.JETZT HARDCOVER
BAND 509
1. AUFLAGE: DEZEMBER 2018
2. AUFLAGE: NOVEMBER 2022

VOLLSTÄNDIGE BUCHAUSGABE
ORIGINALAUSGABE

LEBE.JETZT IST EINE MARKE VON


LEKTORAT:
MARIE GERLICH

UMSCHLAGGESTALTUNG: WWW.HEUBACH-MEDIA.DE
GESETZT IN DER TRAJAN PRO,
ADOBE GARAMOND PRO & CORPORATE S

PRINTED IN POLAND
ISBN 978-3-86277-788-4
WWW.BLUE-PANTHER-BOOKS.DE

## *Inhaltsverzeichnis*

## *Liebe Leserin, lieber Leser,*

Ich freue mich, dass du diesen Ratgeber in den Händen hältst und mir das Vertrauen schenkst, mich auf eine erotische Reise zu begleiten.

Wir sehnen uns alle nach Momenten der Hingabe und sollten deshalb der Lust und Sinnlichkeit im Alltag mehr Aufmerksamkeit schenken. Eine Liebesbeziehung braucht Augenblicke der Erotik, um lebendig und beglückend zu bleiben.

## *Für wen ist dieser Ratgeber?*

Dieser Ratgeber ist insbesondere für Paare gedacht. In der Einleitung richte ich mich aber zunächst an dich, liebe Leserin, weil es in einer Partnerschaft häufig die Frauen sind, die in Sachen Erotik etwas Neues ausprobieren wollen.

Kennst du das? Du sitzt mit deinem Freund oder Mann auf dem Sofa, der Fernseher läuft, nur zwischen euch läuft nichts mehr. Ihr zappt von Kanal zu Kanal, entscheidet euch für einen halbwegs interessanten Film, holt die Chipstüte und das Bier aus der Küche, das war's. Nach dem Film legt ihr euch ins Bett und seid zu müde für

Zärtlichkeiten – morgen wieder früh raus, es wird ein langer Tag.

Als das Licht ausgeknipst ist, merkst du, dass da etwas Kleines brennt in deinem Innern – ein Verlangen, das entzündet werden, eine kleine Flamme, die auflodern will. Doch leider auch an diesem Abend wieder nichts, irgendwie habt ihr die Kurve nicht gekriegt, sagst du dir. Du verschiebst es auf den nächsten Abend. Und so geht es Woche um Woche.

Stopp!

Du lebst heute und nicht morgen. Jetzt muss etwas geschehen. Und es macht keinen Sinn, dass du denkst, er müsste den ersten Schritt tun. Nein, darauf kannst du lange warten – Männer tun dies eher selten. Handle selbst, und zwar heute noch.

## *Erotik ist Exotik*

Das Erotische ist das Andere, das Unbekannte, Geheimnisvolle – das wusste vor zweihundert Jahren schon der Gelehrte Wilhelm von Humboldt. Und diese Ansicht ist heute fast ein Allgemeinplatz, findet sich in vielen Ansätzen der Paartherapie, zum Beispiel bei Esther Perel. Wir fühlen uns vom Unbekannten angezogen, denn wir wollen unseren

Horizont und unsere Persönlichkeit anhand dieses Anderen weiterentwickeln, aus uns heraustreten und Neues kennenlernen. Das ist nachvollziehbar und verständlich. Und weil eben das Erotische an das Exotische gebunden ist, kommt es gerade bei Paaren, die sich lange und gut kennen, die das Vertraute miteinander erreicht haben und auch genießen, oft zum Verlust des Erotischen. Obwohl es sich eigentlich gar nicht gegenseitig ausschließt, wird ein Gegensatz empfunden. Das früher mit dem Partner verbundene Aufregende ist zur Normalität und damit zum »Langweiligen« geworden, das aufregende Fremde ist auf der Strecke geblieben.

Hier gilt es gegenzusteuern. Neben der Nähe und der Liebe zwischen euch sollte das Unbekannte und Exotische wieder einen höheren Stellenwert und einen festen Platz in eurem Leben bekommen. Es gilt, eine Kultur des Erotischen zu entwickeln, ohne eure vertraute Ebene einzubüßen. Das Erotische sollte euer gemeinsames Leben bereichern – als prickelnde Komponente, als heimliche Beziehung zwischen euch oder als extravagantes, gemeinsames Hobby.

Erotisch ist, was überrascht, was verspielt ist, was riskant erscheint, eventuell sogar verboten ist.

Erwecke es in eurer Beziehung wieder neu! Das Sichere muss hierbei keinesfalls über Bord geworfen werden.

Wenn du in dir die Sehnsucht nach dem Ausbruch aus dem allzu Bekannten spürst, dann braucht es oftmals nur einen Funken der Lust, um die Erotik wieder zu ermöglichen. Wege, um das zu erreichen, findest du in diesem Ratgeber. Gib deinen Fantasien die Möglichkeit, sich frei zu entfalten. Verkleide dich. Riskiere Ausschweifungen, verschiebe Grenzen. Tue Dinge, die du noch nie oder lange nicht mehr getan hast. Mut haben, den anderen zu überraschen. Kleine Schritte wagen, nichts geht sofort auf Anhieb.

Das Ziel ist, Erotik als besondere Kunst zwischen euch zu entwickeln. Kunst kommt von »Können«. Daher gilt es einerseits, sich Fertigkeiten in der Erotik anzueignen, Techniken des Herbeirufens von Sinnlichkeit und des Umgangs damit zu erlernen. Andererseits heißt es, sich für den Partner neu zu öffnen, einen Schritt auf ihn zuzugehen. Du möchtest ihm und dir etwas Schönes schenken, eine neue gemeinsame Erfahrung. Öffne ihm dein Herz und zeig ihm deine Liebe.

### *Dessous + Co. und ihre autoerotische Wirkung*

Ein Weg, die Flamme deines Begehrens für dich erneut oder stärker als bisher zu entzünden, kann sein, es mit neuer Kleidung, schönen Dessous und heißer Wäsche zu versuchen. Dabei geht es nicht um allgemeine Schönheitsstandards, die du einhalten sollst, scheinbare Ideale, denen du gerecht werden musst. Nein, genau das Gegenteil ist der Fall. Pure Individualität ist gefragt! Du feierst dich selbst, indem du in eine neue, aufregende Haut schlüpfst, eine erotische Schale anlegst, die deinen Typ unterstreicht. In einem erotischen Outfit wirst du dich anders fühlen, du wirst mehr Lust bekommen. Natürlich nur, wenn du Dessous magst. Hier geht es weniger darum, deinen Liebsten zu beeindrucken, als dich selbst durch das Outfit für die Reise in eine andere Welt vorzubereiten. Dessous + Co. sind hochgradig autoerotisch. Sie erotisieren deine Einstellung zu dir und deinem Körper. Und der positive Nebeneffekt ist, dass das nicht ohne Wirkung auf ihn bleiben wird.

Nur ein neuer BH mit einem Slip? Das genügt hier sicherlich nicht. Denn das ist Standard. Versuche es mal mit etwas, das du noch nie oder nur sehr selten getragen hast. Klassisch sind Korsagen, sie unterstreichen weibliche Formen. Einteiler, Bodys aus Spitze sind auch geschmackvoll. Besonders erotisch sind halterlose Nylon-Strümpfe oder lange Strümpfe mit Strumpfhaltern, gern auch in Netz. Sehr schön dazu sind ein paar Schuhe mit Absatz. Das müssen nicht irre hohe High Heels sein, auch ein kleiner Absatz ist reizvoll, vielleicht mit offenen Zehen. Wie wäre es mit Accessoires? Eine Halskette aus Lackleder, ein Paar rote Handschuhe, eine Perücke, auffällige Haarspangen. Du kannst natürlich auch auf besondere Materialien setzen und ausprobieren, wie dir Leder, Netz, Latex, Lackleder oder Federn stehen – sei es, dass Federn an deinem Oberteil angebracht sind oder dass du ein ganzes Kostüm aus Latex trägst. Es muss nicht zwingend ein Ganzkörper-Kostüm sein, sodass du von Kopf bis Fuß aussiehst wie aus dem Ei gepellt. Meist reichen oft zwei bis drei erotische Kleidungsstücke, um den Effekt des Exotischen zu erzeugen.

Stell dir vor, du ziehst dir eine schwarze Lackkorsage an, lange Strümpfe mit Strapsen und sehr hohe Schuhe. Was meinst du, wie du dich fühlen wirst. Sehr sexy. Wenn du dann in den Spiegel schaust, wirst du große Augen machen, weil du unglaublich verführerisch aussiehst. Und genau das ist der Schalter. Diese äußerliche Verwandlung wird zu einer inneren Verwandlung. »Klick« und du wirst im Modus des Exotischen sein. Deinen Partner lässt du daran teilhaben.

Was ist aber, wenn er sagt: »Wie siehst du denn aus«? Wenn er ablehnend auf dein erotisches Outfit reagiert? Oder wenn er dich einfach ignoriert? Das wäre recht unachtsam von ihm, könnte aber durchaus passieren. In diesem Fall denke daran, dass du es in erster Linie für dich selbst machst – egal, was er sagt. Es bleibt das Signal an ihn, dass du dir Mühe gegeben hast, dass du bereit bist, dich mit dem Unbekannten und dem Aufregenden zu beschäftigen, es in dir herbeirufen willst. Das ist für sich gesehen schon eine starke Erfahrung, die dich beflügeln wird. Und genau das zählt.

Sprich ihn an: »Hey, fällt dir gar nichts Besonderes an mir auf?« oder »Hast du gar nicht bemerkt, dass gerade eine Außerirdische in unserer Wohnung gelandet ist?« Zeigst du deine Bereitschaft und Standfestigkeit ihm gegenüber, aber auch dir selbst gegenüber, wird sich etwas verändern. Er wird dies auf Dauer nicht ignorieren.

## *Der innere Schweinehund*

Dir fällt es nicht leicht, den ersten Schritt zu tun? Versuche dir zu sagen: jetzt oder nie! Wage den Sprung ins kalte Wasser und du wirst es nicht bereuen. Denn alles andere ist besser, als sein Liebesleben auf dem Sofa vor dem Fernseher zu vertrödeln! Er wird dir schlussendlich dankbar sein und du dir selbst ganz besonders.

Doch es ist wichtig, bedacht vorzugehen!

Denn wir wissen ja, dass Männer nicht gern das Heft aus der Hand geben, sondern kontrollieren möchten, was passiert. Dennoch sind sie immer bereit, Vorschläge abzuwägen und Wünsche zu erfüllen. Das solltest du beachten, wenn du die Initiative ergreifst.

Das heißt konkret: Du musst entscheiden, wie du ihm den Vorschlag für Sex- und Rollenspiele machst. Ist er ein Typ, der sich gern überraschen lässt und es liebt, wenn du die Initiative ergreifst? Ein Typ, der sich also nicht schnell unterlegen fühlt, sondern im Gegenteil deine Aktivität sehr begrüßt? Dann brauchst du keine Angst zu haben, dass im Laufe des Spiels nur du führen musst, denn er wird sich dann zum richtigen Zeitpunkt selbst aktiv einbringen und dir Lust bereiten.

Wenn du dir da nicht sicher sein kannst, heißt es, behutsamer vorgehen. Den richtigen Weg kannst nur du einschlagen. Du entscheidest, ob du einen direkten Vorschlag für ein Sex- und Rollenspiel machst oder einen Wunsch beiläufig äußerst, deinen Wunsch in eine scherzhafte Bemerkung verpackst, ob du ihn lieber provozierst oder ob du ganz klar die Initiative ergreifst und selbst führen willst.

Bedenke immer: Er muss das Gefühl haben, er hätte den von dir gewünschten köstlichen Spaß-Plan für euer Liebesleben auch selbst mitbestimmt und umgesetzt. Schlussendlich ist dies für dein eigenes Lustempfinden ganz wichtig: Die meisten Frauen haben einfach mehr Vergnügen an einem führenden Mann, der weiß, was er will, und der in den zentralen Augenblicken souverän ist und bleibt. Sie mögen einen aktiven Mann, der etwas mit ihnen macht, der sie entführt in eine Welt der Sinnlichkeit, in der sie sich fallen lassen können, nicht mehr entscheiden müssen und ihrem Körper und seinen Reaktionen auf Zärtlichkeiten freien Raum geben können.

Geschickt vorzugehen ist deshalb sehr wichtig!

Wenn du ohnehin zu den Experimentierfreudigen gehörst und dein Partner auch, dann ist dieser Ratgeber wie ein Kochbuch für euch. Magst du etwas

Neues ausprobieren, hol dir Anregungen! Was könnte euch heute einmal schmecken, wonach steht euch der Appetit?

### *Den Anfang machen oder erste Schritte*

Alle Menschen sind verschieden, und das ist auch gut so. Wie du den Anfang machst, bleibt dir ganz allein überlassen. Mach es so, dass es sich für dich und deinen Partner gut anfühlt. Überlege dir, was ihm Spaß machen könnte, wie du ihn motivieren und verzaubern kannst. Hier ein paar Vorschläge für erste Schritte. Weil Menschen so individuell sind, gibt es keinen Masterplan, keine »richtige« Reihenfolge. Es ist vielmehr ein ungeordneter Baukasten zum Ausprobieren:

- Du äußerst deinen Wunsch, in den nächsten Tagen oder der nächsten Woche etwas Neues ausprobieren zu wollen. Frage ihn nach einem Termin, wann das stattfinden könnte, ohne weiter auf Details einzugehen. Dann kann er sich innerlich schon mal darauf vorbereiten, ohne selbst planen zu müssen oder unter Druck zu geraten. Wenn es dann so weit ist, könntest du Spiel 3: *Augenverbinden und*

*Einschränkung der Bewegungsfreiheit* mit ihm machen. Dazu brauchst du nicht viele Worte, sondern nur einen Schal oder ein Tuch zum Augenverbinden sowie eine Krawatte, mit der er dir die Hände zusammenbinden kann.

- Du schickst ihm eine SMS mit dem Hinweis, dass du so ein seltsames Ziehen im Bauch verspürst, und ob er wisse, was das sein könnte. Oder du berichtest ihm von einem komischen lodernden Prickeln im Brustkorb und bittest ihn, sich das mal anzusehen. Du spielst ihm scherzhaft etwas vor, tust so, als wärst du wegen zu wenig Körperlichkeit krank. Dann lenkst du das Gespräch auf das Thema Zärtlichkeit zwischen euch. Dieses Vorgehen bleibt ganz frei von Vorwürfen.
- Um ihm deine Wünsche mitzuteilen, kannst du auch kommunikativ einen neuen Weg ausprobieren, gerade dann, wenn du selbst schüchtern bist und es dir peinlich ist, laut und in normalem Tonfall über Erotik zu sprechen. Versuche es doch mal mit Flüstern. Gib offen zu, dass du ihm etwas Besonderes sagen willst, es ihm aber lieber ins Ohr flüstern würdest. Vielleicht ist das genau der richtige

Weg für dich. Zudem kann es sehr sinnlich sein, meist prickelt es dabei am Hals oder am Ohrläppchen, sodass schon eine erste Intimität zwischen euch hergestellt ist.

- Um ihn auf dein Anliegen vorzubereiten, kannst du ihn im Vorfeld, also ein paar Tage, bevor du dann konkreter an ihn herantrittst, durch intime Berührungen auf deine Wünsche aufmerksam machen. Eine körperliche Berührung wirkt immer sehr direkt auf die unbewusste Wahrnehmung, lässt die Instinkte aufhorchen. Berühre ihn im Vorbeigehen bei der Begrüßung oder beim Kochen an den Körperstellen, an denen er das am liebsten hat. Wenn du unsicher bist, versuche es mit Nacken, Kopf und Ohren, Gesicht, Brustwarzen und Po, also den Regionen, die beim Mann besonders erogen sind. Er wird dich vielleicht nach ein paar Kontaktaufnahmen deinerseits anlächeln, dann kannst du ihn irgendwann direkt ansprechen und den nächsten Schritt planen.
- Trefft Absprachen auf Augenhöhe. Ihr vereinbart eine bestimmte Uhrzeit, damit es einen konkreten zeitlichen Rahmen gibt, in

dem ihr euch mit dem Thema Sex und Körperlichkeit beschäftigt. Zum Beispiel, indem ihr gemeinsam etwas aus diesem Ratgeber aussucht. Dabei ist es wichtig, dass nichts auf Knopfdruck passieren muss, vielmehr solltest du sensibel mit der Laune und den Nöten des anderen umgehen. Jeder sollte dabei bemüht sein, den Alltag mal bewusst auszublenden und zu sagen: Jetzt ist keine Zeit für Haushalt oder Urlaubsplanung. Ich will die Zeit mit ihm genießen und mich fallen lassen können.

- Du legst ihm diesen Ratgeber auf den Nachttisch oder drückst ihm das Buch als Lektüreempfehlung in die Hand.
- Du inszenierst einen überraschenden Überfall. Hierfür sollte klar sein, dass er Zeit hat und nicht kurz vor einem wichtigen Termin steht, damit der erotische Überfall auch in eine zärtliche Zweisamkeit münden kann. Du ziehst dir heiße Wäsche an, Strümpfe, High Heels oder Ähnliches und provozierst ihn so, ein erotisches Sexspiel mit dir zu machen. Tipps dazu findest du in Spiel 1: *Aufreizende Kleidung, heiße Dessous.*

- Du kaufst ein oder mehrere Sexspielzeuge und ihr probiert aus, was man damit machen kann. Mehr dazu erfährst du in Spiel 4: *Sextoys ausprobieren.*
- Du kaufst ein schönes Massageöl und stellst es an einen Ort, an dem es normalerweise nicht stehen würde, zum Beispiel auf dem Küchentisch oder auf seinem Schreibtisch. Wenn du möchtest, kannst du eine hübsche Schleife drumbinden. Er muss quasi darüber stolpern und sich wundern. So vermittelst du ihm ohne große Worte, dass du Zärtlichkeiten möchtest. Während ihr euch massiert, könntest du ihm dann von deinen erotischen Wünschen erzählen. Siehe dazu auch Spiel 2: *Überraschung durch eine Massage.*

### *Was erwartet dich in diesem Buch?*

Dieser Ratgeber ist wie ein Werkzeugkasten. Du kannst dir das ein oder andere herausnehmen, so wie es sich für dich gut und richtig anfühlt. Du musst nicht chronologisch vorgehen, gehe ganz deiner Nase nach. Es liegt nicht im Rahmen meiner Möglichkeiten, individuell zugeschnittene Vorschläge zu unterbreiten.

Ich kann nur Angebote machen, deren Abfolge und Umsetzung von dir und euch bestimmt werden.

Ich biete dir in diesem Buch verschiedene Zugänge zu erotischem Genießen, nicht theoretisch und pädagogisch, sondern handlungsorientiert und anwendbar. Ich habe mich bemüht, zu Beginn jedes Spiels einen Überblick darüber zu geben, was man braucht, um sich ausreichend zu verkleiden und in eine neue Rolle zu schlüpfen. Was hast du selbst im Kleiderschrank oder kannst es schnell durch ein paar Handgriffe zurechtlegen und miteinbeziehen? Was muss vielleicht noch gekauft werden?

Danach erkläre ich dir, worum es in dem jeweiligen Rollenspiel geht, worauf du besonders achten solltest und was zu vermeiden ist. Im Anschluss daran skizziere ich, wie du oder ihr anfangen könntet. Wie lässt sich ein sinnvoller Einstieg gestalten? Wer beginnt? Was sind die ersten Worte? Hier biete ich konkrete kleine Szenen und Dialoge an. Ich gebe also eine erste Kostprobe eines möglichen Szenarios. Dies dürfte einer der spannendsten Aspekte dieses Ratgebers sein, denn es wird ein möglicher Ablauf skizziert, der Lust macht, es ähnlich zu gestalten, oder euch einfach nur unterhalten oder amüsieren wird. Ganz wie es euch gefällt.

### *Humor ist alles!*

Wenn ihr beim Sprechen eines Satzes oder in einem Dialog ins Stocken geratet, es also nicht gleich so läuft, wie ihr euch das zurechtgelegt und erhofft hattet, nehmt es mit Humor! Es ist ganz normal, dass alle Beteiligten nervös sind. Deshalb ist es ganz wichtig, dass es unverkrampft bleibt, locker. Es darf und sollte durchaus gelacht werden. Nehmt es als Chance, euch als Paar in eurer Partnerschaft wieder näherzukommen, euch aus einem anderen Blickwinkel, in ganz neuen Situationen kennenzulernen.

### *Los geht's!*

Es erwarten euch Szenen, die ihr wahlweise nachspielen könnt. Blättert euch durch das Buch und lasst euch inspirieren. Es ist für alle Geschmäcker, Situationen und Temperamente etwas dabei.

Die einzelnen Spiele sind grob in drei Kategorien eingeteilt:

A. **Anfang und Einstieg.** Hier erwarten dich noch keine direkten Rollenspiele im klassischen Sinne, sondern vier Möglichkeiten, das erotische Spiel generell vorzubereiten und euch einzustimmen;

B. **Let's play.** Fünf Spiele mit mittlerem Schwierigkeitsgrad;

C. **Die Kür.** Vier Spiele für Fortgeschrittene und sehr Experimentierfreudige.

Bei der Einteilung der Spiele geht es um Schwierigkeitsgrade. Die drei Kategorien bauen aufeinander auf. Dennoch ist die Einteilung nicht strikt, sondern soll als Orientierung dienen. Wie etwas empfunden wird, ist ganz individuell und nicht vorhersagbar.

## *A. Anfang und Einstieg*

Nein, hier steht jetzt nicht: Aller Anfang ist schwer, sondern: Stürzt euch hinein ins Vergnügen. Denn das ist ein großer Spaß, eine Feier eures Selbst, ein Versuch, sich auf seinen Partner bzw. seine Partnerin auf eine neue Weise einzulassen. Die ersten zwei Spiele in dieser Anfängerkategorie sind spielbar ohne vorherige Absprache zwischen euch als Partner. Die letzten beiden Spiele hingegen benötigen da schon mehr Übung. Sie müssen im Vorfeld miteinander besprochen und gemeinsam vereinbart werden. Nur Mut, es gibt nichts zu verlieren!

### *Spiel 1: Aufreizende Kleidung, heiße Dessous*

Du forderst ihn heraus, Zärtlichkeiten mit dir auszutauschen und in ein Gespräch mit dir einzutreten.

Was du brauchst? Besorge dir zwei bis drei schöne Dessous. Zum Beispiel einen schwarzen Spitzenbody mit Strapsen und Strümpfen, dazu ein paar Schuhe, die du noch im Schrank hast. Oder eine rote oder cremefarbene Brustkorsage mit einem engen Rock, den du schon besitzt, dazu eine lange, üppige Kette. Oder nur einen ausgefallenen Spitzenslip und dazu passende halterlose Strümpfe mit hohen Schuhen. Oben ziehst du eine Bluse oder ein enges Top an. Wähle etwas aus, das zu dir passt, das du magst und gern trägst. Wenn du möchtest, kannst du aber auch etwas Besonderes und Ausgefallenes nehmen, das eher sehr ungewöhnlich für dich ist. Das bleibt dir überlassen. Wichtig ist, dass du dich darin wohlfühlst und dass er die Dessous noch nicht kennt oder sie ihm zumindest neu erscheinen.

Er kommt nach Hause oder besucht dich, und du empfängst ihn schon an der Tür in diesen (neuen) aufreizenden Kleidungsstücken. Entweder du ziehst zunächst noch einen Morgenmantel drüber oder zeigst dich gleich in voller Montur. Er wird dich verwundert anschauen und dich fragen, was los ist. Du lässt dich nicht irritieren und behauptest, dass er dich in flagranti erwischt hätte, bei deiner kleinen privaten Modenschau. Du seist noch nicht fertig mit der Auswahl. Ob er dir helfen könne? Oder du sagst, du wüsstest nicht, ob du die neuen Dessous überhaupt behalten oder sie lieber zurückbringen sollst, ob er dir einen Rat geben könne. Weil es eine schmeichelhafte Bitte ist und er dich zudem gern in den Sachen sieht, wird er dies bereitwillig tun.

Ihr geht ins Schlafzimmer und du fängst an, dich vor ihm zu präsentieren. Höchstwahrscheinlich werdet ihr euch körperlich näherkommen. Er wird an dich herantreten und dich berühren. Wenn er das nicht tut, quetschst du dich zum Spaß an ihm vorbei, suchst einen Vorwand, um noch etwas zu holen oder zurechtzurücken. Wenn es so weit ist, dass ihr euch umarmt und küsst, dann spinne den erotischen Faden weiter, lass es jetzt aber noch nicht zu intim werden. Zum Beispiel könntest du spaßeshalber sagen, dass er die Situation doch jetzt nicht ausnutzen solle, um dich zu verführen. Du entziehst dich ihm spielerisch, lächelst ihn provokativ an und sagst: »Oder hättest du lieber, dass ich es ausziehe? Da wirst du dich wohl noch gedulden müssen!«

Du benimmst dich aufreizend, vielleicht ganz anders als sonst. Du provozierst und neckst ihn. So wirst du interessant für ihn. Denn sein Blick auf dich soll sich verändern, er soll dich mit anderen Augen sehen, wodurch seine und eure Fantasie angeregt wird – das exotische Fenster zu mehr. Zu einer intimen Situation, die prickelt. Und zu einem Gespräch über das erotische Spielen verschiedener Rollen.

Nachdem du eine Dessous-Kombination angezogen hast, könntest du eine zweite Kombination und ein drittes Outfit anprobieren. Es jeweils anziehen und ihm vorführen. Thematisiere dabei, was du tust:

»Du weißt, ich bin schüchtern und spiele gern die Verschämte.«

Er wird daraufhin lachen und vielleicht nicken oder aber den Kopf schütteln.

»Mir gefällt es, ein bisschen zu spielen«, sagst du ihm.

Nachdem du also schon angedeutet hast, worüber du reden willst, verfolgst du euer Gespräch weiter in diese Richtung.

»Gefällt es dir? Könntest du dir vorstellen, mal mehr in dieser Richtung auszuprobieren?«, fragst du ihn und spinnst das Gespräch weiter.

Dabei spielst du tatsächlich die »Verschämte«, denn damit bist du auf der sicheren Seite: Du drehst dich also weg, wenn du dich umziehst, oder gehst in ein anderes Zimmer. Wirfst ihm aber zwischendurch eindeutige, verführerische Blicke zu. Auf diese Art fühlst du dich nicht abgelehnt und zurückgewiesen, wenn er an diesem Tag keine Lust auf mehr hat. Du hältst das Spiel aufrecht, bewahrst die Fassade. Vielleicht bleibt es nämlich tatsächlich bloß bei ein oder zwei guten Ratschlägen seinerseits und es kommt nicht zu mehr und auch nicht zu einer weiterführenden Kommunikation zum Thema Sex- und Rollenspiele. Dann versuchst du es bei nächster Gelegenheit mit einem neuen Annäherungsversuch. Oder der Funke springt über und die Sache entwickelt sich. Wie dies genau aussieht und was passieren wird, sollte offenbleiben, denn Erotik ist Kreativität und braucht Freiräume.

Wenn es zu körperlicher Nähe kommt, ist es wichtig, dass du sie dazu nutzt, generelle Wünsche deinerseits mit ihm zu besprechen oder sie zumindest anzusprechen. Heiße Dessous anzuziehen und ihn zu verführen, ist ein möglicher Einstieg zu mehr Kommunikation zu diesem Thema. Sobald er in einer zugänglichen Stimmung ist, nutze die Gelegenheit, ihn zu bitten, auch andere Rollenspiele aus diesem Buch mit dir auszuprobieren. Bitte ihn, sich das mal anzuschauen.

**Resümee:**

Bei diesem Spiel muss er noch nicht eingeweiht sein und eine Rolle übernehmen. Denn es ist eine Variante für den Anfang. Auch für dich ist es ein leichter Einstieg, denn du kannst nichts verlieren, nur gewinnen. Es ist besonders dann ein geeignetes Anfangsspiel für dich, wenn du ohnehin auf schöne Wäsche stehst und dich deshalb relativ sicher in der

Rolle der Zeigenden und Vorführenden fühlst.

Wenn es zwischen euch nicht gleich klappt mit dem weiterführenden Gespräch über Sex- und Rollenspiele, sollte es dich nicht bremsen. Versuche dann demnächst etwas anderes. Schraube deine Erwartungen nicht zu hoch: Um dich selbst davor zu schützen, enttäuscht zu werden, kannst du dir zum Beispiel sagen, dass du eigentlich wirklich nur seinen Rat bezüglich der neuen Dessous wolltest. Schließlich hast du sie ja vor allem für dich selbst gekauft! Und das ist ja nun nicht gelogen!

### *Spiel 2: Überraschung durch eine Massage*

Intimes Gespräch in Wohlfühlatmosphäre.

Du kaufst ein Massageöl – es sollte wirklich etwas Neues sein, nichts, was schon Jahre im Schrank steht – und sagst ihm, dass die Verkäuferin dir dieses Öl empfohlen habe, weil es eine besondere Konsistenz aufweise, nicht zu stark fettend und sehr ergiebig sei. Und dir brenne es förmlich unter den Nägeln, das Öl hier und heute auszuprobieren. Da wird er kaum Nein sagen. Höchstens, wenn er definitiv keine Zeit hat, aber in diesem Fall könnt ihr das Ganze verschieben. Wenn es losgeht, sprichst du nicht mehr viel, sondern konzentrierst dich hauptsächlich auf das Tun. Vorher hast du schon die Heizung hochgedreht und ein Handtuch oder eine Unterlage herausgelegt. Eins von beiden breitest du jetzt auf dem Bett oder Sofa aus. Machst schöne Musik an. Fragst ihn, ob er etwas trinken möchte. Du hilfst ihm aus der Kleidung und weist ihn an, sich bequem hinzulegen. Dann beginnst du, ihn ausgiebig zu massieren, wobei du dir wirklich Zeit lässt. Erzähle ihm nebenbei schöne Dinge. Vermeide es, Probleme anzusprechen, sondern versetze ihn in eine Wohlfühlatmosphäre, kreiere Zeit zu zweit nur für euch. Gehe achtsam mit ihm um. Frage ihn, ob er härter oder weicher massiert werden möchte. Massiere ihn nicht zu erotisch, sondern so, dass er sich wohlfühlt. Suggeriere ihm nicht, dass er sexuell etwas mit dir machen soll. Sei aber nicht zu selbstlos. Denn auch dies ist ein Vorspiel, eine Art, um dich an ihn heranzutasten und mögliche Veränderungen in eurem Liebesleben einzuführen. Behalte dieses Ziel im Blick.

Beobachte, wie er auf die Massage reagiert. Wirft er dir ein Lächeln zu? Seufzt er zufrieden? Dann ist er womöglich bereit, sich auf ein Gespräch einzulassen. Ziehe dir dann kommentarlos deinen Pulli oder deine Bluse aus, sodass er deine Haut fühlt.

Dadurch wird es näher zwischen euch. Massiere ihn weiter. Es wird wahrscheinlich nicht lange dauern, dass er dich anfassen und sich mehr Intimität zwischen euch einstellen wird. Das wirst du sicherlich begrüßenswert finden, doch lasse es noch nicht zu intim werden. Denn dir geht es ja um etwas anderes. Du möchtest eine neue Nähe zwischen euch herstellen. Fordere ihn auf, dir genau zu sagen, wie du ihn massieren sollst, was er wirklich mag. Zum Beispiel, ob du ihn tiefer am Rücken massieren sollst oder höher, fester oder sanfter.

Er wird merken, dass es hilfreich ist, über manche Dinge zu reden. Und nun ist es ein Leichtes, diese Art des Umgangs, das Aussprechen, auch auf eure Intimität und Erotik zu übertragen. Frage ihn, ob er sich sexuell andere Varianten vorstellen könnte als das, was ihr bisher gemacht habt. Erkläre ihm deinen Standpunkt und spreche deine Wünsche und Bedürfnisse aus. Somit kommt es zu einer ersten Thematisierung von Sex- und Rollenspielen.

Frage ihn anschließend, ob er dich nun auch massieren könnte. Wenn er sich wohlfühlt, wird er das tun. Und ihr habt noch mehr Zeit für euch, in der du die Gelegenheit nutzen kannst, weiter über deine Wünsche zu sprechen.

Generell sollte es bei der Massage darum gehen, anzusprechen oder zu tun, was ihr mögt. Sage ihm, wie fest und wie lange du die Massage gern hättest. So entsteht allmählich eine kooperative Stimmung zwischen euch, ein Einvernehmen, das später auf Sex und mögliche Neuerungen und Experimente im Bereich Rollenspiele ausgedehnt werden kann.

### *Fortsetzung der Massage oder Variante für Experimentierfreudige:*

Du überraschst ihn mit dem Angebot, dass du dich mit dem Öl nun ausführlich auch seinem besten Stück widmen möchtest. Nicht jeder Mann ist dazu bereit. Denn der Mann muss sich hingeben, in die Hände der Frau. Versuche es aber dennoch. Entweder er findet es ohnehin sehr reizvoll oder er springt ins kalte Wasser und lässt sich einfach mal darauf ein.

Wenn du möchtest, recherchiere im Vorfeld, wie eine tantrische Lingam-Heilmassage funktioniert. Im Internet findest du sehr hilfreiche Tipps und auch Handgriffe, die richtig wirken. Während du ihn massierst, frage ihn, ob es für ihn angenehm ist, probiere eigene Handgriffe aus, die du dir auf

Basis der Recherche überlegst. Du wirst an seiner Reaktion merken, ob es ihm gefällt.

Am besten nimmst du viel Öl und machst es schon mal in deinen Händen warm, dann widmest du dich seinem besten Stück. Wenn sein Penis noch klein und weich ist, sage ihm, dass du das magst, und er sich keine Gedanken darüber machen soll. Es ist nämlich einfach besonders schön, zu beobachten, wie er zwischen den eigenen Fingern wächst. Er soll nur genießen und sonst nichts machen. Hierbei muss es nicht unbedingt zur Ejakulation kommen, sondern es darf auch nur um schöne erotische Gefühle gehen, die vom Geschlecht des Mannes über seinen ganzen Körper ausgestrichen werden.

Zunächst legst du nur deine Hand auf. Probiere dann verschiedene Tantra-Techniken aus, etwa die Massage wie ein »Scheibenwischer«, den »Korkenzieher«, die »Spinne« oder »Feuer machen«. Suche die Stellen, an denen er es besonders gern mag. Vergiss auch seine Hoden nicht. Küsse ihn zwischendurch, wenn dir danach ist. Du lässt dich am besten einfach selbst mit deiner ganzen Lust darauf ein, dann ist es für ihn auch toll. Hingabe an eine Sache spürt man einfach.

Natürlich kannst du irgendwann auch mit dem Mund und der Zunge weitermachen.

**Resümee:**

Sowohl bei der Rückenmassage als auch bei der intimeren Massage seines Geschlechts geht es darum, in einen Modus des Gebens und Nehmens zu kommen. Ihr nähert euch auf eine sehr sinnliche und einfühlsame Weise einander an. So öffnen sich die Seelen füreinander und das Tor zu den Bedürfnissen geht auf. Sprecht über eure Wünsche und bestenfalls darüber, wie ihr demnächst Sex- und Rollenspiele ausprobieren wollt. Lass dich einerseits auf diese Wohlfühlzeit ein und nutze sie auch, um mehr über seine und deine Bedürfnisse zu erfahren. Ähnlich wie heiße Dessous anzuziehen und dadurch einen Anfang zu machen, funktioniert es auch mit der Massage. Ihr findet einen Modus, euch über neue Wege im Bereich Erotik und Sex auszutauschen.

### *Spiel 3: Augen verbinden und Einschränkung der Bewegungsfreiheit*

Neue Sinneswahrnehmung - er führt sie.
Für dieses Spiel ist eine Absprache zwischen dir und deinem Partner nötig, die schon im Vorfeld geschehen sein sollte. Zum Beispiel im Rahmen eines Vorbereitungsspiels wie Spiel 1 oder Spiel 2.

Er muss eingewilligt haben, die Rolle des aktiven Parts in diesem Spiel auszuführen.

Was du bereitlegen solltest: einen Schal oder eine Augenbinde, eine Krawatte oder ein leichtes Seil, lange und kurze, weiche und harte Federn, einen Pinsel, ein Seidentuch, eine Reitgerte oder ein längeres Lineal und – wenn vorhanden – einen Dildo bzw. Vibrator. Dazu Gleitgel und Massageöl. Außerdem ein paar Leckereien: Obst, Schokolade, Eiswürfel, Wein, Sekt.

Bitte deinen Liebsten, dir die Augenbinde anzulegen und dir mit dem Seil bzw. der Krawatte die Handgelenke auf dem Rücken zusammenzubinden. Somit ist zum einen die Beweglichkeit deines Körpers und zum anderen ein Sinnesorgan, nämlich das Sehen stark eingeschränkt, das in unseren Breitengraden das dominanteste Sinnesorgan ist. Das bedeutet für dich, dass du dich nun auf das Hören, Riechen und Schmecken und vor allem auf das Fühlen verlassen musst. Bitte ihn, dich so zu platzieren, wie es ihm gefällt: liegend auf dem Bett, sitzend auf einem Tisch oder stehend.

Er sollte dir (fast) alle Kleidungsstücke ausziehen, damit du alles spüren kannst. Beim Ausziehen wird er langsam vorgehen. Auch das kannst du sehr genießen. Je langsamer er ist, desto mehr wirst du die taktilen Reize lustvoll fühlen.

Dann kann es losgehen. Mit den anderen Utensilien darf er dich nun, ganz wie es ihm beliebt, verwöhnen, kitzeln oder auch ein wenig quälen. Stelle diese Gegenstände etwas weiter weg, sodass er sich entfernen muss, um etwas Neues zu holen. Es steigert die Spannung, wenn du eine Weile allein bist und nichts machen kannst, außer auf ihn zu warten, ohne zu wissen, was er als Nächstes holt und tut.

Er sollte mit etwas Leichtem beginnen, zum Beispiel mit einer Feder, mit der er dir zärtlich über die Haut streichelt, deine Brüste umspielt. Dann könnte er einen etwas härteren Pinsel nehmen und die Mulden deines Körpers erkunden, die Achselhöhlen, die Leisten, dir damit durch den Schritt streifen, dich unter den Füßen kitzeln.

Dann wechselt er zum Beispiel zum Essen. Er holt ein paar Früchte und Schokolade und steckt dir die Sachen langsam in den Mund. Es macht dich ungeduldig, wenn er dir nicht gleich die ersehnte Himbeere gibt, sondern dich hinhält und sie dir nur ganz langsam in den Mund schiebt. Zwischendurch lässt er dich einen Schluck trinken. Dabei stellt sich ein wohliges Gefühl in dir ein, als würde er dich voll und ganz umsorgen. Du wirst sehr aufnahmebereit werden. Richtig aufregend wird es durch Eiswürfel. Die Kälte beißt förmlich in dein Fleisch. Er könnte sie langsam oder schnell über deine Haut bewegen und dabei schmelzen lassen. Der Wechsel von heiß und kalt wird dich anregen. Im Anschluss hieran könnte er eine Massage einbauen und bestimmte Körperstellen, von denen er spürt, dass du es da sehr magst, mit Duftöl verwöhnen.

Danach kommen die sexuelleren Gegenstände dran wie Gerte, Dildo und Vibrator. Das stellt einen Wechsel zum vorherigen Umsorgtwerden dar und prickelt umso mehr. Er beginnt mit der Gerte, wenn ihr eine habt, oder nimmt ersatzweise ein Lineal. Mit der Gertenspitze (oder dem Lineal) streicht er dir sanft über die Haut, kreist um deine Brustwarzen und über deine Pobacken. Die Gerte wird ihn reizen, mehr damit zu tun, nicht nur zu streicheln, sondern leicht und fest zu klatschen. Er setzt zunächst zärtliche Hiebe auf deinen Po und deine Brüste. Du merkst sie schon ein wenig stärker. Danach könnte er dir – aber nur wenn du das magst – zwei bis drei festere Hiebe auf deinen nackten Hintern geben. Dafür müsste er dich vorher in Position drehen oder dich umsetzen. Dich vielleicht mit der Brust auf einen Tisch legen oder mit dem Bauch aufs Bett. Allerdings dürfen die Hiebe nur so fest sein, wie du es ihm erlaubt hast. Du wirst merken, dass es dich sehr anregt und der Schmerz eher lustvoll ist als schmerzhaft.

Zum Schluss nimmt er noch den Dildo oder den Vibrator und streicht damit über deine Oberschenkel, danach schiebt er ihn in deinen sicherlich schon feuchten Schlitz. Hierfür sollte er Gleitmittel verwenden, damit es besser flutscht. Das ist für dich sehr viel angenehmer als ohne. Er spielt mit deinen Schamlippen, gleitet hin und her und dann ganz hinein in dein Loch. Er rutscht so hinein und wieder heraus, dass es für dich immer erregender wird. Vielleicht macht er dann unerwartet die Vibration an. Mal sehen, wie dein Körper darauf reagiert?

**Resümee:**

Bei diesem Spiel übt ihr gemeinsam, Grenzen zu erkennen und zu kommunizieren. Das ist eine Vorbereitung für kommende Rollenspiele und gleichzeitig selbst schon mehr ein Sex- und Rollenspiel als die vorhergehenden Spiele 1 und 2.

Du wirst merken, dass du alles viel intensiver als sonst wahrnimmst, deine noch vorhandenen Sinne sich schärfen. Und vor allem – was ich fast am schönsten finde – wirst du deinen Partner wesentlich stärker spüren als sonst. Wie er ist, was er macht, wie er sich verhält. Ist er schüchtern, ist er gewagt, mag er dich quälen oder hält er sich stark zurück, um dir keine Schmerzen zuzufügen? Gibt er sich Mühe? Das wirst du alles erfahren, spüren, hautnah.

### *Spiel 4: Sextoys ausprobieren*

Ihr testet gemeinsam verschiedene Sexspielzeuge, inwiefern sie euer Liebesleben bereichern könnten. Die Reihenfolge wird per Loszettel festgelegt.

Im Vorfeld suchst du für dieses Spiel Sexspielzeuge zusammen, die du vielleicht schon zu Hause hast. Oder du kaufst welche. Was sind geeignete Sextoys, mit denen du einen inspirierenden und angenehmen Abend gestalten könntest?

Wie du sicherlich weißt, gibt es eine unendliche Bandbreite an verschiedensten Hilfsmitteln, die die sexuellen Freuden stimulieren können, von ganz weich und spielerisch bis zu Dingen, durch die du deinem Partner starke Schmerzen zufügen kannst. Nicht alles ist für dich und deinen Liebsten geeignet. Wähle bedacht aus.

Ich gehe von einem Anfängerniveau aus, weil es sich um ein Spiel für den Einstieg in Sexspiele handelt. Hierfür eignen sich folgende Sexspielzeuge:

- Eine lange, weiche Feder. Wenn ihr die nicht habt und nicht direkt besorgen möchtet, könnt ihr auch ein Seidentuch oder einen Pinsel mit langen weichen Borsten nehmen.
- Eine Augenbinde. Da tut es natürlich auch ein Tuch zum Verbinden der Augen.
- Dildos und Vibratoren in verschiedenen Größen und Ausführungen. Hierzu muss man sagen, dass es eine sehr große Menge verschiedenster Modelle auf dem Markt gibt: reine Massage-Vibratoren, G-Punkt- und Klitoris-Vibratoren etc. Du fühlst dich vielleicht überfordert, den richtigen auszuwählen. Meiner Meinung nach ist ein klassischer Dildo mittlerer Größe, der zusätzlich eine Vibrator-Funktion hat, für den Anfang eine gute Wahl. Aus welchem Material er ist, bleibt euch überlassen. Nehmt am besten einen preislich günstigen, um auszuprobieren, ob euch das Spaß macht. Es gibt online sehr viel Auswahl und ihr könnt euch die Sachen bequem und diskret nach Hause schicken lassen.

- Schön und lustig zu zweit finde ich auch die Vibro-Eier mit Rückholschnur und Fernbedienung. Damit kommt die Interaktivität zwischen euch auf besondere Weise zur Geltung.
- Und zum Schluss noch Hand- und Fußfesseln. Die kauft ihr auch online oder nehmt eine Krawatte oder ein leichtes Seil, das ihr zu Hause habt. Damit könnt ihr genauso gut die Einschränkung der Bewegungsfreiheit zelebrieren.

Diese Liste ist natürlich beliebig erweiterbar. Ich habe für den Anfang die besten Standardvarianten herausgegriffen.

Das Spiel beginnt: Jedem Sextoy weist du eine Nummer zu. Hierfür kannst du Tesa-Klebestreifen nehmen. Schreibe so viele Nummern auf kleine Stücke Papier, wie du Sextoys hast, und hefte sie den Spielzeugen an. Dann schreibst du die gleichen Nummern auf andere Stücke Papier, faltest sie und steckst sie in eine Schachtel oder einen Beutel. Die mit den Zahlen beschrifteten Sextoys könnt ihr entweder in eine Tasche oder offen auf den Tisch legen.

Macht es euch nun gemütlich. Richtet gemeinsam zum Beispiel das Schlafzimmer oder Wohnzimmer her. Macht euch Musik an, sorgt für schönes Licht, öffnet eine schöne Flasche Wein und bereitet euch innerlich auf zwei Stunden Experimentieren mit euren Körpern vor.

Reihum werden die Zettel zu den passenden Sextoys von euch gezogen. Wer einen Zettel zieht, darf bestimmen, was er mit dem gezogenen Spielzeug machen möchte. Die Entscheidung darüber liegt bei dem, der dran ist. Hier sei angemerkt, dass manche Spielzeuge eindeutig sind, wie zum Beispiel das Vibrator-Ei, das sich nur bei der Frau anwenden lässt.

So könnte das Spiel aussehen:

Du beginnst. Als Erstes ziehst du die Augenbinde und bindest sie deinem Liebsten um. Du nimmst ihn nun bei der Hand und führst ihn durch das Zimmer oder durch die Wohnung. Er muss sich ganz auf dich einstellen und wird fühlen, wie es ist, dem anderen zu folgen, nur zu empfangen. Anschließend zieht er in der zweiten Runde die Feder und bittet dich, dein Oberteil auszuziehen, damit er dich damit auf dem Rücken, an den Armen und im Gesicht durch leichte, weiche Striche verwöhnen kann. Wenn du möchtest, kannst du die Augen schließen oder die Augenbinde aufsetzen, dann kannst du dich intensiver auf ihn und auf das Spüren einlassen.

Sex ist eine besondere Kommunikationsform, bei der es im Kern fast immer um Geben und Nehmen, um Führen und Folgen geht. Bei diesen ganz leichten Spielen mit Augenbinde, Feder und auch Hand- und Fußfesseln könnt ihr beide Positionen einstudieren und entspannt kennenlernen. So versteht ihr die jeweils andere Rolle, die ihr sonst vielleicht beim Sex nicht immer innehabt. Häufig führen die Männer und die Frauen nehmen die devotere Rolle ein. Ihr habt nun die Gelegenheit, dem anderen Rückmeldung darauf zu geben, was er bzw. sie tut. Das schafft Vertrauen und Erfahrung, was und wie es euer Partner bzw. eure Partnerin mag.

Spätestens, wenn ihr den Dildo oder den Vibrator ausprobiert, bleibt euch gar nichts anderes übrig, als dem anderen zu sagen, ob und wie es angenehm ist. Soll er den Vibrator härter, tiefer oder schneller bewegen? Oder lieber nicht so stark? Soll er die Vibration anschalten? Sag ihm, wie du es gern magst. Das wird er dankbar annehmen, denn meistens wollen Männer sehen und spüren, dass es ihrer Partnerin gefällt, dass sie es ihr auf die richtige Art und Weise »besorgen«. Für ein paar Tipps und Hilfestellungen, was deinen Körper betrifft, wird er deshalb sehr offen sein.

**Resümee:**

Bei diesem Spiel geht es um den Wechsel von Führen und Fallenlassen. Ihr gebt euch abwechselnd in die Hände des anderen und wartet ab, was er oder sie tut. Der oder die andere muss dann jeweils den aktiven Part übernehmen. Das ist eine schöne Übung, um Nähe herzustellen und stärker zum Fühlen überzugehen. Spürt euch in den anderen hinein, lernt seine oder ihre Grenzen kennen. Was macht ihm oder ihr besonders viel Spaß? Auch Schamgrenzen werden vielleicht auftreten. Geht hierbei achtsam mit dem anderen um. Am besten, ihr sprecht eure Scham an und versucht, die Schamgrenzen gemeinsam zu verschieben.

Achtet bitte auf die Hygiene, wenn ihr Vibratoren und Dildos benutzt. Reinigt die Toys nach jedem Gebrauch sorgfältig.

## *B. Let's play*

Waren es bisher eher vorbereitende Spiele, die euch miteinander vertraut machen oder euch einen Einstieg ermöglichen sollten, so kommen ab jetzt Spiele zum Zuge, bei denen ihr in eine richtige Rolle schlüpfen müsst. Um das durchführen zu können, solltet ihr euch im Vorfeld klar darauf verständigt haben, dass ihr das auch wirklich spielen möchtet. Am besten legt ihr auch fest, wie weit es gehen soll und wo die Grenzen für euch liegen.

Jetzt ist euer Schauspieltalent gefragt. Je mehr ihr euch auf die Rollen einlassen könnt, desto intensiver wird euer gemeinsames Erleben. Die von mir vorgeschlagenen Dialoge und Abläufe sollen hierbei lediglich als Anregung dienen. Sie sind nicht dafür da, strikt befolgt zu werden. Wandelt sie ab oder denkt euch Ergänzungen und Varianten aus. Und vergesst euren Humor bei der Sache nicht. Also: Bühne frei!

### *Spiel 5: Makler und Kundin*

Sie will eine Wohnung kaufen und er bietet ihr diese an, wobei er ihr anzügliche Fragen stellt, sie in verhängnisvolle Situationen bringt, wenn er ihr die Vorzüge von Bett, Bad, Stuhl und Tisch demonstriert.

Um besser in das Rollenspiel einsteigen zu können, findet ein oder zwei Accessoires und Kleidungsstücke, die ihr jeweils als Makler und Kundin tragt. Vorschlag: Nehmt für den Makler einen Anzug mit Krawatte und eine Mappe für die Unterlagen zur Immobilie. Für die Kundin kommen ein Damenhut, ausgefallener Schmuck und ein Paar High Heels infrage. Sie ist eine extravagante Lady.

Jetzt kommt es auf eure Vorstellungskraft und eure Schauspielkunst an. Malt euch die Situation vor eurem inneren Auge aus. Der Makler soll die Wohnung, in der ihr euch gerade befindet, an die Kundin verkaufen und ist bemüht, sie ins beste Licht zu rücken und all ihre Vorzüge zu demonstrieren. Sie aber will überzeugt werden, ist durchaus kritisch und lässt sich nicht auf alles ein. Der Makler steht vor einer Herausforderung, er muss alles geben. Nach dem Motto: Sie kauft die Wohnung zum Schluss deshalb, weil sie sich den besten Sex ihres Lebens genau in dieser Wohnung vorstellen kann und wer weiß, vielleicht auch mit ihm dort erleben wird.

Ein Gesprächsbeginn könnte folgendermaßen aussehen:

»Ich freue mich sehr, Ihnen heute diese Wohnung

der Extraklasse vorzustellen. Ich habe den Eindruck, sie wird all Ihre Wünsche erfüllen können«, sagt der Makler.

»Woher wollen Sie wissen, was ich mir wünsche?«, fragt die Kundin.

»Glauben Sie mir: Bei meiner Berufserfahrung sehe ich, worauf meine Kunden, im speziellen meine Kundinnen, Wert legen«, sagt der Makler selbstbewusst.

»Sie machen mich neugierig!«

»Kommen Sie hier entlang ins Wohnzimmer. Und machen Sie es sich auf diesem Relax-Sessel bequem. Ihre Beine können Sie auf den gepolsterten Hocker legen. Eine Lady, die den ganzen Tag stilvoll in High Heels unterwegs ist, genießt abends gern eine Fußmassage mit entspannter Musik.«

Der Makler zeigt ihr den Sessel und zieht ihr die Schuhe aus. Er macht Musik an, kniet sich hin und beginnt, ihr die Füße massieren, vielleicht sogar mit Duftöl.

Nach einer Weile hat die Kundin genug von der Massage. Sie will noch eingehender von der Wohnung überzeugt werden.

»Das hätten wir ja dann gesehen. Was hat die Wohnung noch zu bieten?«, sagt sie auffordernd.

Sie zieht sich die Schuhe wieder an und steht auf.

»Ich sehe schon, Sie wissen, was Sie wollen. Nun, dann kommen Sie mal mit, ich zeige Ihnen die fantastischen und edlen Spiegel hier in der Wohnung«, sagt der Makler.

Er führt sie entweder in den Flur oder ins Bad. Hier stellt er sie vor den Spiegel und sich selbst direkt hinter sie. Beide schauen in den Spiegel und betrachten sich gegenseitig. Die Arme des Maklers greifen von hinten vor die Brust der Kundin, er knöpft ihr die Bluse auf oder zieht ihren Pullover aus, sodass sie nackt oder nur noch im BH vor ihm steht. Er streichelt ihre Brüste, liebkost ihre Nippel und macht sie richtig heiß, indem er schließlich um sie herumgeht und ihre Brüste küsst. Schön ist dabei, wenn sich beide immer wieder intensive Blicke zuwerfen. Ungeachtet dessen, dass sie jetzt schon ziemlich erregt ist, hält er sie aber hin.

»Ich hoffe, ich konnte Ihnen die Vorzüge dieses Spiegelkabinetts deutlich machen. Kommen Sie nun mit in die Küche«, fordert er sie auf.

Hier zeigt er ihr den Küchenstuhl.

»Beste, stabile Qualität. Stützen Sie sich doch mal hier auf die Sitzfläche, dann merken Sie, wie viel er aushält.«

Er demonstriert ihr, wie sie sich nach vorn beugen soll, um sich auf der Sitzfläche des Stuhls abzustützen. In dieser Position kann der Makler einiges mit ihr machen ihr den Hintern streicheln, tätscheln oder leicht versohlen, sie ausziehen, fingern und befummeln.

Die nächste Station könnte der Küchentisch sein, auf den sie sich setzen soll. Der Makler zieht sie nur so weit aus, dass er gut an sie herankommt, um sie ausgiebig in dieser praktischen und bequemen Position auf dem Tisch zu nehmen.

Ob es allerdings dann schon so weit ist, liegt bei euch. Die Kundin könnte ihm auch mit gespielter Empörung zurufen: »Also, was erlauben Sie sich, Sie wollen mir wohl den Rest der Wohnung vorenthalten? Ich will aber auch das Schlafzimmer sehen.«

Daraufhin wird er innehalten müssen und mit ihr den Wohnungsrundgang fortsetzen. Sie könnte ihn auf dem Weg zum Schlafzimmer auch auffordern, ihr noch den Balkon zu zeigen oder das Arbeitszimmer. Hier sind der Fantasie keine Grenzen gesetzt, denn es lassen sich mit fast allen Möbeln erotische Settings kreieren. Wie lange das Spiel ausgedehnt wird, liegt an eurer Energie und Ausdauer. Nehmt euch Zeit, trinkt zwischendurch einen Schluck Sekt oder Champagner – kleine Pausen verlängern das Durchhaltevermögen! Ihr könntet auch noch über den Preis der Wohnung sprechen. Die Kundin versucht, den Preis zu drücken. Der Makler muss gegenhalten und stellt ihr das besonders eindrückliche Volumen der Badewanne vor. Er lädt sie ein, mit ihm ein Schaumbad zu nehmen. Sie lässt sich darauf ein, allerdings nur mit ausreichend gefüllten Gläsern.

**Resümee:**

Dieses Spiel ist wie ein Tauziehen. Es lebt davon, den jeweils anderen in verfängliche Situationen zu bringen und diese sexuell für sich auszunutzen. Wer hat und behält die Oberhand? Wenn sie sich genug zärtliche Provokationen überlegt, die den Makler in seinem Tun einschränken und Weiteres von ihm abverlangen, wird er umso mehr versuchen, sie seinerseits zu immer neuen Akten auf Tisch und Stuhl zu überreden, indem er ihr eine schöne Aussicht verspricht oder ein ungeahnt faszinierendes Gefühl.

Aber Achtung: Sei nicht zu abwehrend, auch wenn der Grund dafür vielleicht darin liegt, dass dir manches peinlich ist. Steig nicht einfach aus dem Spiel aus, sondern sag lieber, dass dir das ein oder andere unangenehm ist, wenn du dich schämst.

Dann wird er eine Veränderung herbeiführen. Lass ihm möglichst immer die Oberhand, sonst könnte das Spiel zu früh zu Ende sein. Er sollte nicht das Gefühl der Frustration erfahren. Das ist auch nicht in deinem Interesse, du willst ja seine Männlichkeit lange genießen!

### *Spiel 6: Der Callboy und die Dame*

Er ist ein Callboy und sie bezahlt ihn mit Spielgeld dafür, dass er gewisse Dinge für sie tut. Das lässt sich auch andersherum spielen. Sie gibt vor, eine Prostituierte zu sein, und er bezahlt für ihre Dienstleistungen.

Was benötigt wird: Spielgeld in Scheinen oder Münzen, dazu ein Täschchen oder ein Portemonnaie, in das das Geld gesteckt wird. Für sie kommt ein Outfit in Frage, das sie zur reichen Kundin macht. Sie weiß, was sie will. Stellt euch vor, dass sie drei teure Autos in der Garage stehen hat und ihre Ansprüche ganz genau kennt. Sie trägt schicke Kleidung und Schmuck, der hochkarätig und niveauvoll aussehen sollte.

Für ihn sucht ihr Kleidung aus, die ihn als Callboy auszeichnet. Das könnten sein: Boots oder Stiefel, eine Lederhose, ein weißes, aufgeknöpftes Hemd, ein Halsband oder eine auf nacktem Oberkörper getragene Krawatte oder (Leder)weste. Er trägt Aftershave oder Herrenparfüm und kaut vulgär auf einem Kaugummi.

»Dingdong.« Es klingelt. Die Dame des Hauses öffnet. Sie hat ein Glas Champagner in der Hand. Er steht lässig kaugummikauend im Türrahmen. Sie bittet ihn herein und geht hüftschwingend vor ins Wohnzimmer. Dort mustert sie ihn von Kopf bis Fuß.

»Ein Glas Champagner?«, fragt sie ihn dann.

»Unbedingt!«

Während sie ihm das Glas einschenkt, überlegt sie, was sie sich als Erstes von ihm wünscht. Es wird keine maximale Zeit vereinbart, sondern alles darf solange dauern, wie es schön ist.

Da ihr auf Anhieb nichts einfällt, überlässt sie ihm den ersten Schritt.

»Was haben Sie denn anzubieten?«, fragt sie.

»Nun, so einiges! Ich würde aber vorschlagen, ich fange mit einer Nackenmassage an, da können Sie erst einmal richtig relaxen. Ich glaube, das können Sie im Moment ganz gut gebrauchen«, schlägt er vor.

Er will Oberwasser behalten und zeigt sich von seiner professionellen Seite.

»Okay, wenn Sie meinen, hört sich gut an. Wie viel nehmen Sie?«

»Dafür 20 Euro«, sagt der Callboy.

Die Dame des Hauses zückt ihr Portemonnaie und bezahlt. Dann wird sie vom Callboy gebeten, sich auf einen Stuhl zu setzen, und die Massage beginnt. Die Dame sollte darauf achten, dass sie sich Zeit nimmt und den Callboy wirklich das machen lässt, was und wie sie es mag. Also fordert sie von ihm, sie fester zu kneten oder es sanfter zu machen.

Irgendwann beendet er die Nackenmassage.

»Mir ist jetzt nach einer erotischen Brustmassage. Wie teuer ist das?«, fragt die Kundin daraufhin.

»Das mache ich für 30 Euro«, gibt der Callboy ihr zu verstehen.

Sie bezahlt ihn. Der Callboy setzt sich anschließend auf ein breites Sofa oder ein Bett, sodass sie sich bequem vor ihn setzen und er ihr von hinten die Brüste massieren kann. Sie lässt sich vor seiner Brust in seine Arme gleiten und entspannt sich. Erst probiert er es so, wie er es machen würde – streicheln, die Brustwarzen kneten, fest zugreifen. Dann bringt sie sich ein und sagt ihm, was sie genau von ihm will. Zum Beispiel, dass er ihre Brüste von unten nach oben schieben und sie dann in der Mitte zusammenpressen soll, um sie dort aneinandergedrückt festzuhalten. Wenn er das ein paarmal wiederholt, ist das besonders erregend für sie.

Durch diese Massage hat sie nun Lust auf mehr. Ihr ist sichtlich heiß geworden. Sie nimmt seine Hand und schiebt sie zwischen ihre Beine. Doch da spielt der Callboy so schnell nicht mit.

»Halt!«, sagt er gebieterisch.

»Erst die Bezahlung. Das kostet 50 Euro!«

»Wie? So teuer?«

»Es soll doch richtig zur Sache gehen, oder?«, fragt der Callboy kühl und geschäftsmäßig.

Sie geht hektisch zu ihrer Geldbörse und fummelt das Geld heraus, gibt es ihm. Dann wird sie fordernd. Greift ihm an die Weste oder an seine Hose, um jetzt auch mehr zu bekommen. Der Callboy gibt ihr zu verstehen, dass nur alles der Reihe nach erfolgen kann und sie nur das bekommt, wofür sie bezahlt hat.

»Ich fingere dich und wenn du noch etwas drauflegst, lecke ich dich auch noch! Du darfst die Reihenfolge festlegen«, bietet er ihr an.

Er wird sich für diese Sache Zeit nehmen und sucht sich deshalb einen schönen, gut geeigneten Ort aus. Sie setzt oder legt sich so hin, dass es für ihn, aber auch für sie wirklich bequem ist.

Jetzt ist vor allem von seiner Seite aus Achtsamkeit gefragt. Er wird sie langsam fingern und lecken. Sanft anfangen und heftiger werden. Sie darf und sollte dabei ihre Wünsche äußern. Wenn sie sich dabei in die Augen schauen, verschafft das größere Intimität und Nähe. Zudem kann er in ihren Augen ablesen, ob sie mag, was er tut.

Tipp: Je kleinteiliger hier vorgegangen wird, desto intensiver wird das Erlebnis. Zum Beispiel könnte sie sich wünschen, dass er ihre Klitoris leckt, oder sich die Anzahl der Finger aussuchen, mit denen sie gestreichelt wird. Vielleicht soll er mit drei Fingern sehr weit in sie eindringen?

»Richtig tief reinstecken? Das kostet 20 Euro mehr«, sagt er dann.

Er holt ihr das Portemonnaie und sie bezahlt. Wenn er es jetzt macht, ist die Konzentration auf diesen Akt wieder wesentlich höher. Aufmerksamkeit auf bestimmte Aktionen erhöht die Lust. Extraaufforderungen können prickelnd sein. Vielleicht kann er sie an dieser Stelle auch mit dem Squirten, der weiblichen Ejakulation, beschenken – dazu braucht es allerdings Übung. Anleitungen gibt es im Internet. Und es kostet natürlich. 40 Euro berechnet der Callboy seiner Kundin.

Irgendwann beendet er aber auch diese Intimität. Sie könnte ihn bitten, noch einmal besonders aufmerksam ihre Klitoris zu küssen. Dafür muss sie wieder mehr bezahlen und wieder wird sich für sie ein ausgiebiger Genuss einstellen.

Wenn dem Callboy danach ist, wird er ihr als Nächstes anbieten, seinen Penis anzufassen, zu streicheln, zu küssen und zu lecken. Sie nimmt die Herausforderung an und steckt ihm einen Schein zu. Er öffnet für sie die Hose und sie widmet sich seinem besten Stück.

Achtung: Jetzt darf sie ausprobieren und ihn alles Mögliche dazu fragen, was ihm gefällt, wie er es genau mag, denn sie hat dafür bezahlt. Für den Fall, dass sie Angst hat, sich ungeschickt anzustellen, darf sie sicher sein, dass er es über sich ergehen und Nachsicht walten lassen muss. Das Spiel ist eine gute Gelegenheit, die eigenen Fertigkeiten im Umgang mit seinem Körper zu vertiefen. Ob es bis zur Ejakulation für ihn kommt, muss abgestimmt werden.

Das Spiel ist solange fortsetzbar, bis beide alles, was sie im Kopf hatten, ausprobiert und umgesetzt haben. Weitere Vorspiel-Aktivitäten, besondere Stellungen für den Geschlechtsakt – der Fantasie sind keine Grenzen gesetzt. Und sie muss nicht darüber grübeln, ob er mag, was sie vorschlägt, denn er wird ihr direkt sagen, was er möchte, ob das, was sie will, überhaupt zu seinem Repertoire gehört oder er womöglich besondere Spezialbehandlungen anbieten kann.

**Resümee:**

Bei diesem Spiel kann sie ihm leicht vermitteln, was sie besonders mag und vor allem, wie er es genau machen soll. Andersherum wird sie auch lernen, was ihm am liebsten ist. Gegenseitig lotet ihr eure Vorlieben und Grenzen noch ein Stück mehr als bisher in eurer Partnerschaft aus. Ihr dürft Vorschläge äußern, Dinge, die ihr miteinander immer schon mal ausprobieren wolltet oder die euch gerade spontan in den Sinn kommen. Sobald es ums Geld geht, kann er seine Position stärken, indem er sagt, dass dieses und jenes so billig von ihm nicht zu haben sei, sie mehr bezahlen müsse. Es darf also durchaus gefeilscht werden. Das regt die Spannung und Erotik zwischen euch an. Wie viel Geld verlangt er? Was wird sie sich wünschen?

Achtet darauf, dass ihr euch für jede bezahlte »Dienstleistung« Zeit lasst. Je detaillierter ihr vorgeht und versteht, eure Wünsche zu formulieren, desto intensiver wird das sinnliche Erleben werden. Durch die genaue Absprache, was gemacht wird, ist eine Art Rahmen vorgegeben, indem sich nur ganz Bestimmtes und deutlich Abgesprochenes abspielen wird. Das ist einerseits eine Einschränkung, aber andererseits auch eine normalerweise nicht übliche Konzentration auf das Wesentliche, das umso mehr genossen werden darf.

### *Spiel 7: Auf frischer Tat ertappt*

Sie wird beim Schwarzfahren erwischt und lässt sich alles Mögliche einfallen, damit sie keine Strafe zahlen muss.

Sie ist eine junge Studentin mit wenig Geld. Der Kontrolleur ist ein Mann mittleren Alters, der schon so manche Straßenbahn und so manchen Bus von innen gesehen hat.

Sie trägt mädchenhafte Kleidung, kurze Hosen, ein paar längere Ketten um den Hals, Armbänder, Zöpfe, hat eine Umhängetasche dabei und lutscht an einem Lolli, Typ Lolita. Er repräsentiert die Verkehrsbetriebe der Stadtwerke und hat dementsprechend eine Uniform an. Wenn ihr die nicht habt, reicht eine Kappe oder Mütze, ein zugeknöpftes dunkles Jackett, eine Krawatte, ein Logo der Stadtwerke.

Außerdem braucht ihr ein Gerät, mit dem er diejenigen registriert, die beim Schwarzfahren erwischt werden. Dort notiert er Namen und Adressen. Ihr könnt zum Beispiel ein Handy nehmen.

»Fahrkartenkontrolle. Ihr Ticket bitte!«, sagt der Kontrolleur in strengem Ton zur Studentin.

Ihr steht euch im Schlafzimmer, Wohnzimmer oder der Küche eurer Wohnung mitten im Raum nahe bei der Tür gegenüber. Sie schaut erschrocken und fummelt in ihrer Umhängetasche.

»Na, wird's bald?«, fordert er sie ungeduldig auf.

»Ja, einen Moment. Hab's gleich.«

Sie kramt weiter in ihren Sachen und schaut unsicher zum Kontrolleur. Dieser weiß schon, wie der Hase läuft. Sie hat keine Fahrkarte.

»Alles klar. Bemühen Sie sich nicht. Ihre Adresse bitte!«

»Nein. Nein, warten Sie. Vielleicht habe ich die Fahrkarte woanders hingesteckt.«

Sie lässt die Tasche auf den Boden zwischen ihre Füße gleiten und sucht in ihren Hosentaschen. Doch auch dort wird sie nicht fündig. Der Kontrolleur schaut belustigt.

»Na, was fällt Ihnen denn noch so ein?«, fragt er. »Ich kenne die Ausreden.«

Die Studentin schaut ihn von unten nach oben herausfordernd an.

»Manchmal lasse ich mir ganz ungewöhnliche Orte für meine Fahrscheine einfallen, damit ich sie nicht verliere, verstehen Sie?«

»Ach wirklich?«, fragt der Kontrolleur neugierig, »wo denn?«

Sie lutscht an ihrem Lolli und fängt dann an, langsam ihre Bluse aufzuknöpfen.

»Hin und wieder stecke ich sie mir in die Unterwäsche. Könnten Sie sich vorstellen, da mal nachzusehen?«

Der Kontrolleur räuspert sich und schaut irritiert.

»Ja. Wenn es unbedingt sein muss.«

Die Studentin hat die Bluse ganz aufgeknöpft und zeigt ihm ihren BH.

»Sehen Sie was?«, fragt sie ihn unschuldig. »Schauen Sie ruhig genauer hin.«

Der Kontrolleur fasst ihr an die Brust und sucht nach der Fahrkarte.

»Nein, nein, da ist nichts.«

Der Kontrolleur stemmt seine Arme in die Hüften.

»Ich kenne die Masche! Ihren Namen bitte!«

Die Studentin steht nun verstohlen da und denkt krampfhaft über eine Lösung nach. »Warten Sie, nicht so schnell, vielleicht können wir uns ja einigen, wenn ich Ihnen noch mehr und Interessanteres zeige?«, sagt sie und zwinkert ihm dabei zu.

»Also wissen Sie, so leicht kommen Sie mir nicht davon. Wie lautet Ihre Adresse? Ich will die Personalien aufnehmen! Flott, flott jetzt!«

Der Kontrolleur setzt eine strenge Miene auf.

»Die werde ich Ihnen gleich geben, kein Problem, aber erst mal sollten Sie sich noch anschauen, was ich sonst so zu bieten habe.«

Die Studentin zieht ihre Bluse wieder demonstrativ zur Seite und schiebt ihren BH nach unten, zeigt ihm ihre Brüste. Der Kontrolleur betrachtet sie ein paar Sekunden und genießt den Anblick. Doch dann will er wieder zur Tagesordnung übergehen. Die Studentin schmiegt sich nun ganz offensiv an ihn heran, fast ihn an den Hüften und drängt sich ihm auf. Sie versucht, ihn zu küssen und seine Hände auf ihre Brüste zu legen. Der Kontrolleur kann nicht anders, als sich zumindest kurzzeitig auf sie einzulassen. Er streichelt sie und küsst sie zurück. Das geht eine Weile, dann knöpft die Studentin auch ihre Hose auf, nimmt seine Hand und schiebt sie hinein. Sie setzt sich dabei auf einen Tisch, zieht sich weiter aus und zeigt ihm ihre Reize. Sie dreht sich mit dem Rücken zu ihm und zeigt ihm ihren nackten Hintern. Der Kontrolleur spielt eine Zeit lang mit und genießt es, ihren Körper anzufassen. Doch auf einmal besinnt er sich.

»Sie ziehen hier wirklich alle Register«, sagt er, »und wollen mich verführen, aber nicht mit mir! Stopp! Da mache ich nicht mit!«

Er hält inne, fasst sie an den Schultern und schaut ihr streng in die Augen.

»Ach, können Sie keine Ausnahme machen, nur für mich, eine klitzekleine, bitte, die Strafe ist doch so teuer, ich habe wenig Geld«, fleht sie ihn an.

Aber er lässt sich nicht erweichen. Sie schaut betreten und zieht ihre Kleidung wieder an. Als sie angezogen ist, nimmt er sein Gerät zur Registrierung der Schwarzfahrer.

»Also, Ihre Personalien!«

In diesem Augenblick weiß die Studentin nicht mehr weiter und unternimmt voller Panik einen Fluchtversuch. Sie stürzt aus der Tür in den Flur, um ins Nebenzimmer zu rennen. Der Kontrolleur hechtet ihr hinterher. Er versucht, sie am Arm zu fassen. Sie entwischt, doch er greift nach, bis er sie gefasst hat.

»Halt, halt! Hier geblieben!«, sagt er barsch.

Er drückt sie gegen die Wand des Flurs und nimmt

sie in den Polizeigriff. Er bringt sie in ein angrenzendes Zimmer und setzt eine sehr strenge Miene auf.

»Sie glauben wohl, Sie könnten mir entwischen und mit mir machen, was Sie wollen, was?«

Er wirft sie aufs Bett oder auf ein Sofa, sodass sie hilflos vor ihm liegt, und baut sich vor ihr auf wie eine Sicherheitsschranke. Die Studentin checkt ihre brenzlige Lage und schlüpft in eine andere Rolle. Nun provoziert sie ihn.

»Sie gefallen sich wohl in der Rolle, den Macker zu spielen, was?«, fragt sie frech.

»Sie verstehen die Situation nicht«, erwidert der Kontrolleur, »Sie sind schwarzgefahren, nicht ich!«

»Ach, das wollen Sie also beobachtet haben? Ich habe nur gemerkt, dass Sie mir nachgestellt und mich begrapscht haben. Was wohl die Aufsichtsbehörde der Stadtwerke davon halten wird? Was meinen Sie?«

»Sie freches, kleines Luder«, sagt der Kontrolleur angesichts dieser maßlosen Unverschämtheit.

Die Studentin grinst siegessicher.

»Nun, stellen Sie sich doch nicht so an. Ich weiß doch, dass Sie scharf auf mich sind«, sagt sie.

Völlig von sich überzeugt, setzt sie sich aufrecht an den Rand des Bettes und greift dem Kontrolleur an die Hose. Langsam, ganz genüsslich öffnet sie sie.

»Kommen Sie, wir könnten das alles doch ganz einfach aus der Welt schaffen. Ich weiß, dass Sie das sehr mögen werden.«

Sie macht sich daran, ihn zu küssen und zu lecken, ihn zu verwöhnen. Hierfür lässt sie sich Zeit und macht es so, dass es ihm sehr gefällt. Der Kontrolleur wehrt sich nicht mehr, sondern lässt sich auf die heiße Studentin ein. Aber nur bis zu einem bestimmten Zeitpunkt, den er festlegt. Dann gebietet er ihrem lüsternen Treiben Einhalt.

»Das genügt jetzt«, sagt er dann, »Sie frivoles Mädchen, denken Sie nicht, dass Ihr anzügliches Benehmen ohne Folgen für Sie wäre. Was Sie sich herausnehmen, muss ich bestrafen.«

Er schiebt sie von sich weg und dreht sie auf den Bauch.

»Hose runter!«, befiehlt er.

»Aber wieso denn?«

»Tun Sie nicht so unschuldig!«

Er nimmt sie in den Polizeigriff und versohlt ihr sanft den Hintern.

Danach kann er weitere Dinge mit ihr tun, das bleibt jedem Paar und Temperament selbst überlassen. Hier gibt es viele weitere Anschlussmöglichkeiten zur Fortsetzung des Liebesspiels.

**Resümee:**

Während dieses Spiels wird euch sicherlich noch das ein oder andere Neue einfallen. Das liegt auch immer an der Tagesstimmung. Achtet darauf, dass sich der Kontrolleur möglichst lange den Avancen der Studentin entzieht, um das Hin und Her zwischen den beiden weiter am Leben zu erhalten.

## *Spiel 8: Anleitungen einer Lehrerin*

Eine Psychologielehrerin verführt einen unschuldigen Abiturienten, indem sie ihm die Dimensionen des Unbewussten bei Freud praktisch näherbringt.

Sie ist eine erfahrene, etwa 40-jährige Lehrerin für Psychologie an einem Gymnasium. Schon seit ein paar Jahren fällt ihr ein besonders guter Schüler auf, der schließlich auch an ihrem Leistungskurs Psychologie teilnimmt. Während des Unterrichts ertappt sie sich immer wieder bei der Vorstellung, diesen Schüler anzufassen, ihn zu streicheln und zu küssen, mit ihm intim zu sein. Für sie ist klar, dass er zwar noch ziemlich grün hinter den Ohren ist, aber gutes Potenzial für einen leidenschaftlichen Liebhaber hat. Doch weil sie als Vorbild und Autoritätsperson verantwortungsbewusst mit ihren

Schülern und Schülerinnen umgeht, verkneift sie es sich, ihm nachzustellen. Kurz vor der Abiturprüfung allerdings kann sich die Lehrerin nicht mehr zurückhalten. Sie denkt sich einen Plan aus, sich bei nächstbester Gelegenheit an ihren Liebling heranzumachen.

Nach dem Unterricht hält die Lehrerin ihren Musterschüler mit dem Hinweis zurück, dass sie ihm empfehlen würde, als vorbereitende Lektüre für die Abiturprüfung das Buch »Das Unbewusste bei Freud« zu lesen. Sie bietet ihm an, ihm ihr Exemplar auszuleihen, und schlägt ihm vor, es am frühen Abend bei ihr zu Hause abholen zu kommen.

Ihr solltet folgende Outfits zusammenstellen: Die Lehrerin trägt unter ihrem grauen Kostüm rote Spitzenunterwäsche. Das ist ihre typische Schulkleidung. Sie hat eine Brille auf der Nase und in der Schule stets einen Stapel Bücher unter dem Arm. Der Schüler ist ein feinsinniger, distinguierter Typ, unerfahren und brav. Er trägt ein Hemd, darüber einen Pullunder, zur Seite gescheiteltes Haar. Er hat eine lederne Tasche dabei. Einigt euch auf ein Buch, das als Stellvertreter für das (so in dieser Form nicht existente) Werk »Das Unbewusste bei Freud« fungiert. Ihr könnt euch auch Notizen für das Spiel hineinlegen.

Den Besuch im Haus der Lehrerin, die in einer Vorstadtgegend lebt, stellt ihr so nach, dass der Schüler vor eurer Wohnungstür oder in einem zum Flur hin angrenzenden Zimmer wartet, das nicht das Wohnzimmer ist. Der Schüler klingelt oder klopft. Er ist sich durchaus der Bevorzugung vonseiten der Lehrerin bewusst und deshalb ein wenig verlegen. Er ahnt, dass da von ihrer Seite aus mehr ist als nur der Dienst an der Bildung ihres Schülers.

»Guten Abend, komm rein«, sagt die Lehrerin vertraut zu ihrem Schüler.

Sie trägt auch zu Hause ihre »Schulkleidung«. Der Schüler tritt schüchtern ein.

»Hier entlang ins Wohnzimmer«.

Der Schüler folgt ihr.

»Du siehst ganz durstig aus. Magst du eine Limonade?«, fragt die Lehrerin fürsorglich.

Der Schüler denkt, dass er dieses Angebot kaum ausschlagen kann, nickt und lächelt. »Danke!«, sagt er.

Sie holt das Getränk aus der Küche. »Setz dich doch!«, fordert sie ihn auf.

Der Schüler setzt sich aufs Sofa, während die Lehrerin stehen bleibt. Sie zieht das Buch aus dem Regal.

»Was ich dir zu diesem Buch sagen möchte«, sagt die Lehrerin und macht eine vielsagende Pause. »Es betrifft uns alle und ist aus dem prallen Leben gegriffen.«

»Aha«, sagt der Schüler erwartungsvoll und nickt.

Beide sprechen eine Weile über den Schulunterricht. Es stellt sich die Atmosphäre einer privaten Nachhilfestunde ein.

»Du bekommst von mir wichtige Informationen für die Abiturprüfung«, ergänzt die Lehrerin.

»Inwiefern?«, fragt der Schüler neugierig.

Er denkt, dass ihm die Lehrerin einen ganz heißen Tipp geben will. Der Tipp ist auch sehr heiß, weil er in eine ganz konkrete Richtung führt.

»Du weißt ja, was ‚das Unbewusste' ist, nicht wahr? Das haben wir ja erst vor ein paar Wochen im Unterricht besprochen. Es sind unsere Wünsche und Triebe, die wir uns nicht immer völlig bewusst machen.«

Die Lehrerin erklärt sachlich und hält dabei das Buch in der Hand. »Okay. Vielleicht ist das alles ein wenig abstrakt. Ein Beispiel gefällig?«, fragt die Lehrerin rhetorisch, ohne eine Antwort des Schülers abzuwarten. »Also zum Beispiel: Was würdest du sagen, bedeutet es, wenn eine Lehrerin wie ich unter ihrer langweiligen Schulkleidung so einen sexy, roten BH trägt wie diesen hier?«

Langsam knöpft sie ihren grauen Schulblazer auf, wobei sie so tut, als wäre sie im Unterricht und würde einen theoretischen Sachverhalt am praktischen Beispiel erläutern. Der Schüler macht große Augen, schweigt aber.

»Nun, was sagst du dazu?«, fordert die Lehrerin ihn auf.

Der Schüler gerät in Verlegenheit und antwortet fast stotternd: »Ja, eh, schön!«

»Eine Lehrerin, die so etwas trägt, steht in direktem Kontakt zu ihrer Triebstruktur«, antwortet sie selbst. »Und«, fährt sie fort, »sie hat immer die Wünsche und Bedürfnisse ihrer Schüler und Schülerinnen im Blick«, sagt sie und blickt zweideutig zu ihrem Zögling.

Der Schüler räuspert sich, schluckt heftig und reibt mit seinen schlanken Fingern nervös über sein Bein. »So wird es sein!«, sagt er sichtlich irritiert.

»Und wenn ich dich jetzt so anschaue, wie du dir selbst übers Bein streichelst, dann ist mir frei nach Freud vollkommen klar, dass du eigentlich nicht dich selbst, sondern meine Brüste streicheln möchtest.«

Sie lächelt ihn wissend an und setzt sich neben ihren Schüler aufs Sofa. Dann nimmt sie seine Hand und legt sie sich auf den Busen. »Und, wie fühlt sich das an? Doch schon viel besser, oder?«

»Mmh ja, sehr gut!«, sagt der Schüler, der ihr nicht widersprechen will und dem es natürlich auch gefällt. Er liebkost und drückt ihren Busen.

Dann entblößt die Lehrerin eine ihrer Brüste und zeigt dem Schüler ihren Nippel. »Hier mag ich es besonders. Siehst du, er ist schon ganz hart.« Sie weist auf ihre Brustwarze. »Küssen und streicheln gefällt mir dort besonders gut.«

Der Schüler schaut sie zweiflerisch an, ist dann aber folgsam und küsst und liebkost, wie ihm geheißen wurde. Er ist zwar sexuell weitestgehend unerfahren, aber ein ausgesprochenes Naturtalent – wissbegierig und intelligent. Fragen drängen sich ihm auf. »Sind Sie sicher, dass das hier wirklich noch etwas mit dem Psychologieunterricht zu tun hat?«, fragt er plötzlich und hält inne.

»Natürlich!«, erklärt die Lehrerin selbstbewusst, »die Brustwarzen zum Beispiel führen uns auf direktem Wege zu unseren Urahnen, zu unseren Müttern und Großmüttern, die uns ernährt haben – Bedürfnisse der frühen Kindheit«.

Sie erzählt mehr über die Kindheit und den großen Einfluss, welchen sie für die Entwicklung jedes Menschen hat. Der Schüler beschäftigt sich weiter mit ihrem Busen. Dann fängt sie an, an seiner Hose herumzufummeln. Er hält inne und sie öffnet Knopf und Reißverschluss, ertastet seinen Penis. Das ist ungewohnt für ihn und er lässt es geschehen, beobachtet sie dabei und genießt jeden Handgriff. Die Lehrerin darf mit ihm spielen und erkunden, was ihm gefällt.

»Was ich hier mache, ist der direkte Weg zu unserer Libido, zu unserer psychisch-sexuellen Energie«, fachsimpelt sie dabei und ergänzt: »Den Begriff der Libido solltest du dir unbedingt für die Abiturklausur anschauen.«

Der Schüler nickt. »Was ist mit dem weiblichen Zugang zur Libido?«, fragt er dann.

Allem Anschein nach ist er auf den Geschmack gekommen und will nun seinerseits mehr herausfinden. Neuland betreten.

»Das zeig ich dir!«, sagt die Lehrerin, nimmt ihn bei der Hand und führt ihn zu einem Platz, zum Beispiel einem Bett, auf dem sie es sich richtig bequem machen kann.

Sie lässt sich daraufhin von ihm ausziehen und Stück für Stück untersuchen und berühren. Sie sagt ihm, was ihr besonders gut gefällt, und wie sie es gern hätte. Auch hier während dieser immer intimer werdenden Situation behält sie die Oberhand, leitet an, erklärt, geht auf Fragen des Schülers ein. Der Schüler will alles genau wissen und erkundigt sich fleißig, was sie fühlt, was sie mag und ob es sie erregt, was er tut.

**Resümee:**

Die Lehrerin kommt hier ganz groß raus. Das ist ihr Spiel. Sie macht, sie gestaltet. Der Schüler kann sich in eine empfangende und unschuldige Rolle fallen lassen. Er muss nichts bestimmen und genießt es, unerfahren und jung zu sein. Gleichzeitig ist er natürlich bemüht, es für sie so schön und angenehm wie möglich zu gestalten. Seine Erfahrungen dürfen und sollten diskret mit einfließen.

Versetzt euch gedanklich in die Lage, wirklich wieder Anfänger zu sein, alles gerade erst kennenzulernen, das erste Mal etwas zu tun, so wie es dem Schüler im Spiel ergeht. Also, Tempo reduzieren. Langsamkeit und Achtsamkeit sind hier gefragt.

## *Spiel 9: Nonne und Seelsorger*

Die Nonne beichtet ihre unzüchtigen Gedanken und Handlungen und wird vom Seelsorger zur Buße aufgefordert. Merkwürdig ist nur, dass die Buße unzüchtiger ausfällt als die gebeichteten Sünden. Der Pater nimmt ihr die Beichte nämlich nicht uneigennützig ab, sondern versucht, die reizvolle Unkeuschheit der Nonne für seine Lust zu nutzen.

Für dieses Spiel gilt es zu improvisieren und euren Kleiderschrank zu durchkämmen, um geeignetes Zubehör zu finden. Beide sollten in eine Art Kutte bzw. Nonnentracht gekleidet sein. Das könnte für den Seelsorger ein langer Mantel sein. Für die Nonne kommt ein schwarzes, geschlossenes Kleid infrage. Aus einem hellen oder schwarzen Tuch könntet ihr eine Nonnenhaube machen. Eine strenge, weiße Bluse oder etwas aus weißer Spitze könnte ihr Kostüm abrunden.

Für den Pater oder Seelsorger ist ein Kreuz an einem langen Lederband passend, das er um den Hals trägt. Er legt sich einen Ledergürtel zurecht, um die Nonne bei Bedarf bestrafen zu können.

Die Nonne hat einen Rosenkranz dabei. Hier nehmt ihr eine Perlenkette, die sie braucht, wenn sie Buße tun muss. Auch sie könnte ein Kreuz tragen. Dann besorgt ihr noch eine Ausgabe der Bibel. Wenn ihr zu Hause keine habt, verwendet stellvertretend ein anderes Buch.

Stellt euch vor, ihr sitzt in einem Beichtstuhl. Das ist ein von der Außenwelt weitestgehend abgeschlossener Raum, in dem nur der Seelsorger und die Nonne sind, durch einen Vorhang oder ein Gitter voneinander separiert. Sie spricht über ihre Sünden.

Ihr könnt diese Situation folgendermaßen nachstellen: Die Nonne kniet auf einem niedrigen Stuhl, ihre Hände und Arme liegen auf der Rückenlehne des Stuhls. Sie legt sich bei Bedarf ein Kissen unter die Knie, denn die Beichte könnte durchaus eine Weile dauern. Der Beichtvater sitzt auf einem anderen Stuhl vor der Rückenlehne. Am besten quer zu ihr, sodass sich die beiden nicht direkt in die Augen schauen, sondern leicht versetzt sitzen. Schließlich ist es kein Streitgespräch oder Ähnliches.

Das seelsorgerische Gespräch könnte folgendermaßen beginnen.

»Gott sei mit dir, meine Tochter, was führt dich zu mir?«, fragt der Seelsorger.

»Vater, ich habe gesündigt!«, antwortet die Nonne.

»Du weißt, das sieht Gott nicht gern. Möchtest du Buße tun?«

»Ja. Das will ich.«

»Du kannst mir alles erzählen und ich werde sehen, auf welche Art dir Gott gewogen ist und dir verzeiht, mein Kind.«

»Sie sind so gütig.«

»Nun, möchtest du beginnen?«

»Ich weiß nicht, wie ich anfangen soll. Aber ich habe da immer solche Gedanken.«

»Was für Gedanken? Sprich sie aus.«

Die Nonne greift nach ihrem Kreuz und umklammert es ganz fest. Sie traut sich kaum, es zu sagen. »Nun ja, ich stelle mir vor, wie die Mönche, die mit in unserer Abtei leben, wohl unter ihrer Kutte aussehen mögen.«

»Aha, das ist ja interessant«, antwortet der Pater, »was genau hast du dir vorgestellt?«

»Nun, die Körperstellen, die sich zwischen ihren Beinen befinden«, antwortet die Nonne.

»Oha, das solltest du als Nonne tunlichst vermeiden. Du darfst nur Jesus Christus deinen Bräutigam nennen. Das weißt du doch, oder?«

»Ja. Das weiß ich!«, gibt die Nonne reumütig zu.

»Aber woher weißt du eigentlich so genau, wie das männliche Geschlecht aussieht?«

»Ich habe vor drei Monaten die Brüder John und Markus dabei beobachtet, wie sie sich ihre Männlichkeit gezeigt haben und sich gegenseitig anfassten«, sagt die Nonne.

»Wie bitte? Das willst du gesehen haben?«

»Ja, durchs Schlüsselloch«, gibt die naive Nonne dem Pater zu verstehen.

»Oh, mein Kind, dass deine jungen Augen solche Unzucht beobachtet haben, sieht Gott nicht gern. Das ist schwerwiegend. Du sollst zur Buße fünf Mal das Vaterunser beten«, antwortet der Pater.

Nach einer kurzen Pause spricht er weiter. »Doch ich kann mir nur zu gut vorstellen, dass es hierbei nicht geblieben ist, mein Kind, oder?«

»Euer Ehrwürden haben recht«, gibt die Nonne zögerlich zu, »ich habe mich daraufhin auch selbst angefasst«.

Der Pater guckt überrascht und setzt dann eine strenge Miene auf. Er beginnt, Interesse an seinem Zögling zu gewinnen.

»Aha, so etwas hast du also getan. Was meinst du aber genau? Zeig mir, wie hast du es gemacht?«

Der Pater versucht über die Lehne des Stuhls zu schauen, um die Nonne besser betrachten zu können.

Diese reagiert zunächst etwas steif. Sie weiß nicht, was der Pater jetzt von ihr will.

»Na los, ich will sehen, was und wie du es gemacht hast«, insistiert der Pater.

Daraufhin greift die Nonne unter ihr Gewand und berührt sich selbst zwischen den Beinen und knetet auch ihren Busen.

»Wie hat es sich angefühlt?«, will der Pater ganz genau wissen.

»Es hat mich erregt, es war warm und feucht und hat mich ganz heißgemacht«, gibt die Nonne ihre Empfindungen preis.

»Warm und feucht also, ja?«, fragt der Pater. »Das muss ich untersuchen«.

Er steht auf und berührt die Nonne an den besagten Körperstellen. Er schaut ihr tief in die Augen und will sehen, was sie fühlt. Wie sie seine Berührungen aufnimmt. Die Nonne genießt es, so vom Pater angefasst zu werden. Nachdem er das festgestellt hat, hört er abrupt auf und besinnt sich auf seine Funktion als Beichtvater. Er setzt sich wieder hin.

»Das ist ein sehr schwerwiegendes Vergehen, mein Kind. Das muss ich jetzt gleich hier bestrafen«, sagt der Pater. »Zieh dein Gewand hoch, ich werde dir die Sünde durch drei Hiebe mit der Geißel von der

Seele nehmen. Und während ich das tue, sollst du den Rosenkranz beten.«

Die Nonne guckt erschrocken, nimmt aber die Kette mit den Perlen und beginnt pro Perle den Satz »Gegrüßet seist du, Maria, voll der Gnade, der Herr ist mit dir« zu beten. Gleichzeitig steht der Pater auf, holt den Gürtel und tritt an die Nonne heran. Diese ist gehorsam und zieht ihr Gewand nach oben, entblößt ihren Po. Während sie betet, wird sie vom Pater mit dem Ledergürtel oder mit seiner Handfläche bestraft.

Diese Situation dürft ihr auskosten und euch Zeit lassen für die Strafe. Für euch beide ist es jetzt schon recht intim geworden. Doch die Nonne beichtet weiter, sie will noch mehr Nähe zum Beichtvater herstellen.

»Ich hatte weitere unzüchtige Gedanken«, sagt die Nonne und schaut den Pater reuevoll an, »und zwar ging es dabei um Sie, Ehrwürden«.

»Ich höre«, sagt der Pater ungeduldig.

»Ich habe mir vorgestellt, mit Ihnen Berührungen auszutauschen!«

»Was? Das ist in Gottes Augen sehr frevelhaft. Welche genau?«, will der Pater wissen und schaut von oben herab die ihm anvertraute Nonne an. Strenge zeigt sich in seinem Gesicht und gleichzeitig wilde Gier. Die Nonne beschreibt, dass sie sich einen Kuss auf den Mund mit ihm vorgestellt und danach an intime Berührungen mit ihm sowie an einen Kuss auf sein Geschlecht gedacht habe. Der Pater reagiert mit erneuten, diesmal massiveren Strafmaßnahmen.

»Bei so unkeuschen Gedanken helfen nur körperliche Bußehandlungen meinerseits, um dich wieder ganz reinzuwaschen. Das kann ich leider jetzt nicht ändern. Gott befiehlt es so.«

Der Pater steht auf und tritt an die zitternde Nonne heran.

»Um es wiedergutzumachen, wirst du für den Anfang genau das tun, was du dir mit mir vorgestellt hast, danach werde ich Bußeleistungen von dir abverlangen, so wie sie mir Gott aufträgt.«

Er schiebt seine Kutte zur Seite und gibt ihr zu verstehen, dass sie ihn nun oral befriedigen soll. Danach küsst sie ihn auf den Mund. Der Seelsorger befummelt seinerseits die Nonne, macht sie gefügig.

»Knie dich jetzt dort hin, damit ich dir die Buße endgültig auferlegen kann.«

Der Seelsorger weist sie an, welche Stellung sie einnehmen soll, damit er den Beischlaf mit ihr vollziehen kann.

Wenn ihr das Spiel von Strafe, Beichten und erotischen Handlungen ausreichend ausgekostet habt, beendet der Pater das Spiel, indem er die reuevolle und ihm gehorchende Nonne mit folgenden Worten von ihren Sünden befreit:

»Somit spreche ich dich los von deinen Sünden, mein liebes Kind. Im Namen des Vaters, des Sohnes und des Heiligen Geistes, Amen. Gehe hin in Frieden«, sagt der Beichtvater dann zum Abschluss der Beichte.

Die Nonne küsst die Bibel und die Hände des Paters. Nun reingewaschen von ihren Sünden, verabschiedet sie sich.

**Resümee:**

Dieses Spiel zielt genauso wie die anderen Spiele in diesem Buch auf die Verbindung von Exotik und Erotik und die Steigerung der Lust. Doch anders als bei den anderen hier skizzierten Spielen geht es auch um die Verhandlung unserer Prägung durch die christliche Religion. Das Christentum ist im Kern zwar gar nicht so sexualitätsfeindlich, wie wir meinen, denn heute hat sich die Kirche weitestgehend in eine tolerante Richtung entwickelt. Aber der Papst zum Beispiel ist nach wie vor sehr konservativ.

So könnt ihr die von ihm vertretenen Positionen zu Zucht und Unzucht als Folie für dieses Spiel nutzen. Betrachtet den althergebrachten Hintergrund von Verboten mit Humor, um euch in eine prickelnde, erotische Situation zu versetzen. Versöhnt Sexualität und Christentum miteinander und habt dabei eine Menge Spaß, zum Wohle der Harmonie zwischen den Geschlechtern und zur Aktivierung der Lebensenergie.

Vielleicht kann hier nicht jede und nicht jeder mitgehen, aber das ist völlig okay. Sucht euch dann lieber ein anderes Spiel in diesem Buch aus.

## *C. Die Kür*

Die Spiele, die euch auf den nächsten Seiten erwarten, sind für die Fortgeschrittenen und Experimentierfreudigen unter euch. Für diejenigen, die schon mehr Erfahrung miteinander haben. Es wird eine hohe Vertrauensbasis zwischen den Partnern und eine tolerante und damit schon stark erweiterte Schamgrenze vorausgesetzt. Wenn ihr diese Spiele umsetzt, kultiviert ihr Erotik auf höchstem Niveau. Und auch hier gilt, dass die Dialoge und Abläufe nicht dogmatisch zu verfolgen sind, sondern anregend sein sollen. Virtuosität ist gefragt. Erotisches Spielen ist pure Kreativität.

### *Spiel 10: Rechtsanwalt und Sekretärin*

Er ist ein strenger Jurist mit leicht sadistischen Zügen, sie eine naive Sekretärin, die leider so einige Probleme beim Tippen und dem Schreiben von Briefen hat. Er verbessert pedantisch ihre Fehler, wobei er sie mehr und mehr so »hinbiegt« und einschränkt, wie er es gern hätte, und ihre Art, alles richtig machen zu wollen, für seine sexuellen Vorlieben ausbeutet.

Was ihr für dieses Spiel braucht, habt ihr bestimmt zu Hause. Einen Laptop oder Computer, einen Drucker, ein paar Rotstifte. Für sie: heiße Dessous, High Heels, Strümpfe, Lippenstift etc., außerdem eine Krawatte oder ein leichtes Seil.

So wird das Spiel vorbereitet: Er trägt einen Anzug oder ein legeres Jackett, Rollkragenpulli, klassische Hose. Sie startete als Typ alte Jungfer, zugeknöpft bis oben hin, langer Rock, Schlabberpulli, ungeschminkt mit biederer Frisur. Sie hat die Stelle beim Rechtsanwalt gerade erst angetreten.

Das Spiel könnte folgendermaßen beginnen:

Er sitzt an einem Tisch in der Küche oder im Wohnzimmer. Sie nimmt vor dem Computer möglichst in einem anderen Raum Platz und muss einen Brief an einen Notar schreiben. Lass dir etwas einfallen. Es reichen zwei bis drei Sätze, doch das Besondere ist, dass es im Brief vor Rechtschreibfehlern nur so wimmelt.

»Sehr geerte Dammen und Hehrren, anbei sände ich ihnen die beklaubikte Koppi des Vertraks zu …«

Diesen Brief druckt sie aus und legt ihn ihrem Chef zur Unterschrift vor.

Dem springen die Augen aus dem Kopf angesichts so vieler Fehler. Er zückt den Rotstift, streicht die Fehler an, wobei er unentwegt schimpft und den Kopf schüttelt.

»Wie kann man nur annehmen, dass ‚senden' mit ‚ä' geschrieben wird!«

Er verlangt von ihr, sich mehr Mühe zu geben. Sein Ärger über sie überträgt sich anschließend auch auf ihr Äußeres.

»Und überhaupt, wie sehen Sie eigentlich aus? Meinen Sie, so repräsentieren Sie angemessen meine Kanzlei?«

Die Sekretärin ist vor den Kopf gestoßen, sie reagiert nervös und ist eingeschüchtert. Sie fährt sich durch die Haare und reibt ihre verschwitzten Hände an ihren Oberschenkeln und Hüften ab. Das entgeht dem Chef nicht. Kalkulierend betrachtet er ihre versteckten Kurven. Er steht auf und drückt ihr den Brief in die Hand.

»Korrigieren!« Nach einer Atempause fährt er fort: »Und ziehen Sie sich etwas Vernünftiges an, so wie Sie rumlaufen, das ist ja abstoßend.«

Dann sucht er einige von den zurechtgelegten Kleidungsstücken und Schminkutensilien aus. Er nimmt, was ihm gefällt, und sagt ihr, dass sie im Büro fortan nur noch diese Sachen tragen soll. Das könnten halterlose Strümpfe mit hohen Schuhen sein, dazu Dessous, vielleicht eine Korsage. Dann befiehlt er ihr, im Büro stets knallroten Lippenstift aufzutragen.

Sie nimmt die Sachen entgegen und geht zu ihrem Arbeitsplatz zurück. Dort zieht sie sich dementsprechend um, macht sich zurecht und beginnt von Neuem, den Brief zu schreiben. Dieser hat dieses Mal zwar schon weniger, aber immer noch reichlich Fehler. Außerdem lässt sie bewusst Kaffee auf das Papier laufen und macht einen Lippenstiftfleck auf den Briefausdruck, denn sie will ja, dass er ihr nun etwas näherkommt.

Mit neuem Selbstbewusstsein in ihrem aufreizenden Outfit, das sie etwa durch übertrieben schwingende Hüften und das Kauen eines Kaugummis zum Ausdruck bringt, geht sie zum Chef zurück und lässt den ebenfalls beanstandungswürdigen zweiten Brief lasziv auf seinen Schreibtisch gleiten. Sie denkt, der Chef sei jetzt mit ihr zufrieden, weil sie ihr Äußeres ganz nach seinen Wünschen verwandelt hat. Innerlich bleibt sie aber die naive Sekretärin.

Der Chef guckt irritiert, spürt das neue Selbstbewusstsein seiner Mitarbeiterin, welches für ihn eine Herausforderung ist, und widmet sich deshalb besonders akribisch jedem Wort. Wieder zückt er den Rotstift und streicht die Fehler an. Dann sieht er den Fleck auf dem Papier und versteht die unverschämte Provokation seiner Sekretärin, die auf ihn nun gar nicht mehr so bieder wirkt wie noch zu Beginn. Ihm platzt der Kragen.

»Meine liebe Vivian, das kann doch wohl jetzt hier nicht Ihr Ernst sein!«

»Was meinen Sie, Herr Klöppel?«, fragt die Sekretärin.

»Na, haben Sie sich das hier mal angesehen?«

Die Sekretärin schaut sich den Brief an, sagt aber nichts weiter, fummelt unsicher an ihren Haaren und zuckt nur mit den Schultern.

»Was soll ich bloß mit Ihnen machen?«, sagt der Chef und tritt einen Schritt auf sie zu, presst sie drohend gegen den Schreibtisch.

»Und überhaupt, wie sehen Sie eigentlich aus? Wollen Sie mich anmachen? So billig sind Sie drauf, oder wie darf ich das verstehen? Was Sie tragen, ist absolut unverschämt!«

Der Chef reagiert also völlig irrational, hatte er doch selbst nach den Klamotten verlangt und sie ausgesucht. In diesem Spiel und in dieser Situation darf er das. Er legt sich die Welt so zurecht, wie er das will. Seine Willkür hat das Ziel, sie gefügig zu machen, damit er seine Lust an ihr befriedigen kann. Die Sekretärin genießt sein Vorgehen und fügt sich in die noch ausstehende Strafe.

Er dreht sie mit dem Gesicht zum Schreibtisch und drückt ihren Oberkörper weit nach vorn. So hält er sie eine Weile fest und schimpft mit ihr. »Das kann ich so nicht auf sich beruhen lassen. Ich muss Sie bestrafen.«

Dann klatscht er ihr mit der flachen Hand fest auf den Hintern. Nach einer ausreichenden Pause, in der nicht gesprochen wird, klatscht er ihr erneut zwei Hiebe auf den Po. Die Sekretärin ist angesichts dieser konsequenten Behandlung ihres Chefs sehr aufgewühlt, etwas weinerlich und betreten.

Nach der Strafe richtet sie sich wieder auf und sagt kleinlaut: »Okay, es wird nicht mehr vorkommen. Ich mache es noch mal neu, versprochen.«

Sie will gehen. Doch der Chef hält sie zurück. Er ist geschmeichelt, dass sie einsichtig ist. Er will ihre Gefügigkeit weiter ausnutzen. Er tritt an sie heran und fängt an, sie im Schritt zu befummeln und an den Brüsten zu berühren, sie zu küssen. Die Sekretärin lässt sich das wortlos gefallen. Sie tut nichts weiter, als es hinzunehmen. Sie genießt das schöne Gefühl, dass er ihren Körper aufreizend und erregend findet.

Das geht eine Weile so, bis er plötzlich abbricht. Er ist ganz überrascht darüber, dass er sich so hat gehen lassen, und jagt die Sekretärin aus dem Büro.

»So, jetzt ist Schluss, machen Sie sich an die Arbeit und hier, vergessen Sie den Brief nicht.«

Sie huscht zu ihrem Arbeitsplatz zurück und tippt an der dritten Briefversion. Es ist klar, dass auch diese nicht besonders perfekt ist, vielleicht sind dieses Mal Eselsohren im Papier, kleine Risse oder abermals Flecken. Wieder geht sie damit zu ihm. Doch anstatt den Rotstift zu zücken, zerknüllt er den Brief vor ihren Augen.

»Sie wollen es wohl nicht lernen, was? Vielleicht sind Sie einfach zu hektisch?«

Er nimmt das Seil oder die Krawatte in die Hand.

»Jetzt probieren Sie das Tippen mal nur mit einer Hand, vielleicht können Sie sich dann besser konzentrieren.«

Bevor er ihr aber eine Hand auf den Rücken bindet und sie somit stark einschränkt, benutzt er sie abermals für seine Lust, ganz so, wie er es mag. Sie macht als Sekretärin, die gefallen will, alles mit und so befummelt er sie nicht nur und macht sie heiß, sondern nimmt sie auch schon ein erstes Mal ausgiebig auf dem Schreibtisch. Doch das Spiel ist noch nicht zu Ende. Abrupt bricht er ab und bindet ihr dann den Arm auf dem Rücken fest, schickt sie zurück zur Arbeit. Sie muss nun den vierten Brief schreiben, hat aber nur eine Hand frei. Diese massive Einschränkung ihrer Bewegungsfreiheit führt dazu, dass sie sich besser auf das Wesentliche konzentrieren kann, denn alles geht unglaublich langsam. Der Brief gelingt ihr dieses Mal super, er ist perfekt. Doch jetzt stellt er leider keine Provokation mehr für den Chef dar, sodass er sie wohl nicht mehr lustvoll bestrafen wird. Was tut die Sekretärin nun?

Sie geht mit dem perfekten Brief zum Chef, zeigt ihm ihr Meisterwerk. Er lächelt zufrieden, lobt sie, befreit sie von ihrer Fessel und lehnt sich in seinem Stuhl zurück. Daraufhin nimmt sie den Brief, grinst den Chef an und zerreißt den Brief in viele Fetzen, die auf seinen Schreibtisch segeln. Was für eine Provokation! Dem Chef wird nun ganz rot vor Augen. Ihm bleibt nichts anderes übrig, als sich den krönenden Abschluss zu überlegen. Er muss sie abermals für ihr Fehlverhalten bestrafen. Da darf sie gespannt sein, was er sich einfallen lässt.

**Resümee:**

Dieses Spiel ist nichts für schwache Nerven. Denn es kommt hart auf hart. Er hat die absolute Macht und darf nach Lust und Laune irrational und willkürlich agieren. Sie hingegen muss gehorchen, sich fügen, darf ihrerseits durch bewusste Fehler provozieren und ihn herausfordern, das Spiel weitertreiben.

Wenn du aber möchtest, dass das Spiel schon früher beendet wird, dann machst du keine Fehler mehr – vielleicht schon beim zweiten Brief. Kann ja mal vorkommen, dass Dominanz und Devotsein einem nicht so liegen. In jedem Fall wird die gespielte Situation von Macht und Unterwerfung euch anheizen und euch mit ungeahnten Seiten eurer selbst konfrontieren. Lässt du dir wirklich Unverschämtheiten sagen oder wehrst du dich sofort mit Händen und Füßen? Oder lässt du es dir gern gefallen, wenn er dein provozierendes Sex-Outfit bemängelt, weil du weißt, es macht ihn enorm an, und genießt es, dass er seine Finger in deinen feuchten Schlitz steckt? Probiert es aus, dieses Spiel kann ein Abenteuer werden, ein Abenteuer, in dem ihr euch selbst neu kennenlernt.

### *Spiel 11: Top-Liebhaber meets Top-Liebhaberin*

Sie treffen sich an einem unbekannten Ort, zum Beispiel in einem Hotel. Dort kommen sie aufgemacht wie zwei Businessleute hin. Sie sind beide Vielflieger und immer sehr beschäftigt. Zwischen ihren Terminen genießen sie regelmäßige Schäferstündchen.

Ihr seid beide in diesem Spiel vollkommen von euch überzeugt. Ihr haltet euch jeweils für die größten und coolsten Geschäftsleute auf Erden. Wenn ihr euch trefft, gebt ihr voreinander an, dass sich die Balken biegen. Ihr denkt beide von euch selbst, dass ihr die meisten Flugmeilen und die besten Kreditkarten habt. Ihr übertrumpft euch gegenseitig mit allen möglichen Vergünstigungen, die ihr wegen eurer hohen Bonität und Mobilität genießt.

Sexuell seid ihr vollkommen von euch überzeugt, denkt über euch, dass ihr die besten Liebhaber schlechthin seid. Ihr wisst genau, was ihr wollt, versteht alles genauso auszukosten, wie es besser nicht sein kann. Und natürlich versucht ihr euch auch sexuell in allen Punkten gegenseitig zu übertrumpfen. Ihr habt Spaß an der Konkurrenz und fahrt zur Höchstform auf, wenn es darum geht, die besseren Argumente und Einfälle zu haben. Was euch erwartet, ist ein wahres Feuerwerk des Einsatzes eurer Kreativität.

Dieser Anspruch ist sehr hoch, und wenn euch das nicht hundertprozentig gelingt, macht es natürlich nichts. Aber es ist reizvoll, sich der Vorstellung des absoluten High-Class-Sexes hinzugeben und es auszuprobieren. Bevor ihr euch im Hotel trefft, versetzt euch gemeinsam gedanklich in die Spielsituation und legt vorab grob fest, welche Sextoys ihr mitnehmen möchtet und ob sich einer von euch etwas Besonderes wünscht.

Was ihr organisieren solltet: Einer von euch bucht ein Hotelzimmer. Und ihr müsst einen festen Termin vereinbaren. Fahrt nicht zusammen hin, das steigert die Vorfreude und den Kitzel. Sie könnte einen Trenchcoat tragen, drunter ein Kostüm und da drunter ein heißes Dessous-Outfit mit Korsage, Strapsen und Strümpfen. Er trägt auch einen Trenchcoat und drunter einen Anzug. Er hat einen Aktenkoffer dabei, in dem sich Sextoys befinden, die ihr mögt. Beide haben allerlei Karten, Kreditkarten, Sammelkarten für Punkte eurer Flugmeilen, Loungekarten und Bahnbonuskarten dabei.

Ihr trefft euch in der Lobby des Hotels und trinkt

einen Cocktail an der Bar. Eure Trenchcoats hängt ihr an die Garderobe. Dann fangt ihr an, euch über das Business zu unterhalten, dass es jeweils für euch super läuft, ihr gerade besonders erfolgreich seid.

»Ich zeig dir was«, sagt er in verschwörerischem Ton.

Er zückt seine Flugmeilenkarte und schmeißt sie lässig auf den Tresen.

»Das ist die goldene!«, sagt er.

Sie schaut ihn schmunzelnd an und holt ihrerseits ihr Portemonnaie mit den Karten.

»Das ist doch noch gar nichts. Ich habe Platin! Seit letzter Woche!«, sagt sie angeberisch.

»Wow, so viel geflogen! Sieht man dir gar nicht an, sexy wie du bist!«, schmeichelt er ihr.

»Danke!«, sagt sie.

»Aber ich verrate dir mal was: Der letzte Deal, den ich durchgezogen habe, war drei Millionen Euro schwer!«, sagt er.

Sie schaut beeindruckt.

»Bei mir waren es nur eineinhalb Millionen!«, gibt sie zu und nickt anerkennend.

»Auch nicht schlecht!«, sagt er.

Sie holt aber noch eine andere Karte hervor, die BahnComfort Card der Deutschen Bahn. Sie wirft sie auf den Tresen.

»Freier Zugang zu den Erste-Klasse-Lounges an allen Bahnhöfen und wenn nötig immer sofort ein Hotel«, sagt sie selbstbewusst.

Er kontert wieder mit einer anderen Leistung und so geht es eine Weile weiter. Euch fallen bestimmt noch weitere Möglichkeiten ein, euer Ansehen hinsichtlich eurer Bonität beim anderen zu steigern.

Irgendwann schlägt dann einer von euch vor, nach oben aufs Zimmer zu gehen.

Im Zimmer spielt ihr das an der Bar begonnene gegenseitige Toppen eurer Leistungen weiter, aber auf sexueller Ebene.

Sie fängt an. Langsam zieht sie vor seinen Augen ihr Kostüm aus und präsentiert ihm ihre reizvolle Wäsche.

»Schau, mein allerneuster Dress. Sehe ich nicht verführerisch aus?«

Danach ist er dran, er zieht sich auch weitestgehend aus, zeigt vielleicht seinen Slip oder ein Muskelpaket am Arm, sein Sixpack.

»Lass mal sehen«, sagt sie und fängt an, ihn zu berühren, ihn zu begutachten.

»Wow, richtig trainiert! Gute Figur!«

Dann macht er sich an sie ran. Bestaunt ihr Outfit, befummelt sie, gibt ihr einen Klaps auf den Po und küsst ihr Dekolleté. Er macht den ersten Vorschlag für eine gemeinsame sexuelle Interaktion.

»Ich würde dich jetzt von hinten fingern. Stell dich doch mal vor den Tisch und stütz dich dort ab.«

Sie macht, was er will, und lässt ihn dies tun.

Danach ist sie dran.

»Setz dich mal aufs Bett und schau mir zu. Aber nicht anfassen, verstanden!«

Sie schiebt sich einen Stuhl heran oder setzt sich auf den Tisch, sodass er sie gut sehen kann. Dann fängt sie an, ihm ihre Reize zu zeigen, sich auszuziehen und anzufassen, ihm heiße Blicke zuzuwerfen, ihm Einblick auf ihre Brüste und ihre Intimität zu gewähren.

Dann ist er wieder dran und fordert sie auf: »Bleib so sitzen und öffne die Beine, weiter, ja so, noch etwas weiter.«

Er küsst und leckt ihre Vulva. Sie genießt es ohne Worte. Nur wenn es noch nicht gut genug ist, was er tut, schreitet sie ein, ansonsten ist er der absolute Top-Liebhaber in diesem Spiel.

Danach ist sie wieder dran und tut es ihm gleich. Befriedigt ihn oral. Auch er korrigiert sie nur, wenn es nicht gut genug ist. Ansonsten geht ihr davon aus, dass der jeweils andere es »at its best« macht.

So bleibt ihr stets im Spiel: High-Level-Sex. Hier nun schließt ihr alle weiteren Stellungen für den Geschlechtsakt an, bezieht nach Lust und Laune Sexspielzeuge mit ein, die er in seinem Koffer hat. Wichtig ist, dass ihr immer abwechselnd Vorschläge macht. Und das geht auch, wenn ihr mitten beim Geschlechtsakt seid und er eigentlich aktiver ist. Hier kann sie sagen, dass sie nun diese und jene Stellung machen oder ein erotisches Zubehör ins Spiel integrieren will.

Ihr werdet merken, wie stark es euch antörnt, dass euer Kopf denkt, dass sie bzw. er eine absolute Bombe im Bett ist, dass der andere einfach nur geil ist.

Jetzt ist die Gelegenheit, etwas Verrücktes auszuprobieren. Das könnte eine ungewöhnliche Sexstellung oder eine besondere Sexpraktik sein. Vielleicht hat sie immer schon mal von Analsex geträumt. Hier in diesem Hotelzimmer als Top-Liebhaberin ergreift sie die Chance, das auszuprobieren, und holt aus dem Aktenkoffer das extra dafür eingesteckte Gleitgel. Er hat sich im Vorfeld eures Treffens über Squirting im Internet informiert, ein praktisches Tutorial angeschaut und will versuchen, seine Partnerin heute mal zum Ejakulieren zu bringen. Sie hat in einem Tantra-Buch gelesen, dass es so etwas wie stille Vereinigung gibt, bei der der Mann nicht unbedingt so stark erigiert sein muss. Dazu bedarf es ein bisschen Übung, Zeit und eine bestimmte Körperstellung. Auch diese Sexpraktik könntet ihr als High-Class-Genießer heute testen.

**Resümee:**

Dieses Spiel ist wie ein Fechtkampf. Ihr begegnet euch auf Augenhöhe und seid ebenbürtig. Sie reizt ihn, er sie. Immer im Wechsel treibt ihr das Spiel voran, sodass automatisch ein jeder auf seine Kosten kommt. Ihr haltet euch selbst für unschlagbar und verfügt über ein absolut überwältigendes Selbstbewusstsein. Macht euch gegenseitig richtig was vor und es wird ein großer Spaß für euch. Einbildung ist das Zauberwort. Hochstapelei.

Ganz bestimmt werdet ihr bei diesem Spiel ins Stocken geraten und anfangen zu lachen bei so viel Angeberei. Aber es geht eben gerade um diesen Effekt des Sich-ins-beste-Licht-Rückens. Bei diesem Spiel fühlt ihr euch gut und das ist wunderschön. Denn ihr macht euren Partner und eure Partnerin gedanklich zur Top-Liebhaberin, zum Top-Liebhaber, und dieses uneingeschränkte Bild wird sich noch eine ganze Weile in euren Köpfen halten.

### *Spiel 12: Raubkatze und Dompteur*

Sie gehen als »Fremde« in einen (Erotik)-Club und tun so, als würden sie sich nicht kennen. Sie verändern ihr Outfit, um sich in einer anderen Haut ganz neu zu begegnen und sich mit anderen Augen zu sehen.

Für dieses Spiel ist es besonders wichtig, dass ihr euch für den Abend ein neues Outfit zulegt. Ihr solltet nichts tragen, was er oder sie vorher schon einmal am anderen gesehen hat. Überrascht euch gegenseitig und verfremdet euch möglichst so stark, dass es für den anderen eine wirkliche Überraschung wird. Denn, wie schon einleitend gesagt, erotisch ist das, was fremd erscheint, was einen herausfordert und verspricht, zu neuen Ufern zu führen, was exotisch ist. Dieses Spiel bietet euch diese Möglichkeit. Schlüpft in eine neue Haut und stellt eine andere Seite eures Selbst äußerlich in den Vordergrund.

Das Spiel bedarf einer längerfristigen Planung, um alles zu besorgen, sich auszuleihen oder zu kaufen.

Sprecht ab, dass ihr getrennt in den Club fahrt. Und ihr solltet vor eurem Abend darauf achten, dass ihr euch nicht womöglich zu Hause oder bei der Arbeit begegnet. Ein bisschen Distanz im Vorfeld erhöht die Spannung.

Wie und in was könntest du dich, könntet ihr euch nun verwandeln?

Das ist natürlich eine sehr individuelle Frage und typabhängig. Befrage deine andere, womöglich schon seit Langem in dir schlummernde Identität. Gibt es da eine Wunschvorstellung, mit der du schon immer mal geliebäugelt hast? Jetzt ist die Gelegenheit, sie auszuprobieren.

Wenn ihr in einen Tanz- oder Erotik-Club geht, könnte sie es mit einer Perücke versuchen. Eine Perücke zu tragen, hat in sich schon einen enormen Verfremdungseffekt. Zum Beispiel eine schwarze Pagenkopfperücke mit Pony, so wie Uma Thurmann sie in »Pulp Fiction« getragen hat. Eine solche bekommst man preislich günstig online bei Kostümausstattern. Dann sucht sie passend zur Perücke Kleidungsstücke aus. Sie stellt sich vor, wie es für ihn wäre, sie im Club zu treffen. Für ihn soll es umwerfend sein. Vielleicht wird er sie auf den ersten Blick gar nicht erkennen, sondern erst beim zweiten Hingucken. Wenn ihr das gelingt, ist das ein Volltreffer. Was ist spannender als eine vertraute Person, die auf einmal gar nicht mehr so vertraut aussieht, sondern ganz anders, verführerisch?

Andersherum gilt dies natürlich auch, wenn er seiner Aura eine ungewohnt aufregende Note verleiht: Er könnte einen Hut aussuchen, eine Sonnenbrille, einen ausgefallenen Anzug. John Travolta in Schlaghosen und knallig buntem Hemd? Oder lieber etwas noch Extravaganteres? Das liegt ganz in seinem Ermessen.

Es gibt sehr viele Möglichkeiten für eure Kostümierung. Da wäre das Outfit aus den 1920er- und 1930er-Jahren. Sie besorgt sich ein Charleston-Kleid, ein Stirnband mit Feder, eine lange Perlenkette und eventuell sogar einen Zigarettenhalter. Er leiht oder kauft sich einen Anzug aus der Zeit. Für diese Kostüme sollte die Location, die ihr auswählt, passend sein.

Oder sie schlüpft in das Outfit einer Schauspielerin. Sie könnte es mit einem Marylin-Monroe-Look versuchen: weißes Neckholder-Kleid mit knallrotem Lippenstift. Oder sie fühlt sich wohler in einem burschikosen Kostüm: Dann sucht sie eine Damenanzughose aus und trägt dazu eine weiße Bluse und einen Schlips in Anlehnung an die Herrenanzüge von Marlene Dietrich. Das wird für ihn vielleicht eine Provokation sein. Legt sie es darauf an? Ist es womöglich die Chance, mit ihm in eine ganz andere Kommunikation zu treten?

Mag sie es lieber schrill, weiblich und punkig? Dann wäre die Soulsängerin Amy Winehouse mit ihrer wilden Löwenmähne und ihren knappen Kleidern auch eine schöne Leitfigur. Bevorzugt sie eher eine blond-silberne Langhaarperücke und dazu ein schwarzes Lackleder-Outfit, wie es Lady Gaga unter anderem trägt? Der Fantasie und den Vorlieben sind keine Grenzen gesetzt.

Natürlich sollte es auch zum Partner passen. Ihr könnt euch im Vorfeld grob absprechen, in welche Rollen ihr schlüpfen wollt, oder ihr setzt ganz einfach auf Überraschung, das hat natürlich auch seinen Reiz.

Für den Mann ist der Herrenanzug mit Krawatte oder Fliege der Klassiker, der immer gut ankommt. Wer es gewagter und lasziver mag, könnte auch ein enges weißes Hemd und eine enge schwarze Hose tragen wie Antonio Banderas als Tango-Tänzer im Film »Take the Lead«. Wenn er zur Liga der Humoristen gehört und immer für einen Spaß zu haben ist, dann könnte ihm die Figur des Verklemmten besonders zusagen. Dann besorgt er sich eine große Hornbrille, eine alte Aktentasche und einen altmodischen, vielleicht zu engen Anzug. Wenn er schüchtern am Tresen steht und so tut, als wüsste er nicht, ob er eine Cola oder doch vielleicht ein alkoholisches Getränk bestellen soll, dann kann dies sehr witzig und schräg sein. Wenn er zaghaft, Schrittchen für Schrittchen seiner Partnerin näherrückt, wird das für sie eine überaus interessante Herausforderung sein. Spricht sie ihn an? Womöglich trägt sie ein sehr freizügiges Vamp-Outfit, muss also förmlich in Aktion treten. Ob das auf Gegenliebe stößt? Kann sie ihn für sich gewinnen?

Wenn ihr euch für einen Besuch in einem Erotik-Club entscheidet, wäre es wichtig, vor dem gemeinsamen Abend schon einmal dort gewesen zu sein. Damit ihr wisst, welche Art von Leuten, welche Musik und was für eine Atmosphäre euch erwarten. So werden eventuelle Unsicherheiten minimiert und ihr könnt euch ganz auf das Spiel konzentrieren.

Um euch nun eine ausführlichere Kostprobe davon zu geben, was euch erwarten könnte, wenn ihr euch auf ein solches Abenteuer einlasst, möchte ich hier als Beispiel einen Klassiker herausgreifen. Auf manche mag er klischeehaft oder zu simpel wirken, aber in meinen Augen ermöglicht er eine gut zu bewerkstelligende Spielsituation: die Katze und ihr Dompteur.

Sie hat sich ein Leopardenkostüm zugelegt – einen Body mit Leopardenmuster und Fellapplikationen, dazu einen Haarreifen mit passenden Ohren. Für sie stehen die Sinnlichkeit und das Begehren im Vordergrund. Das erleichtert den Zugang zu einer abenteuerlichen Nacht vor allem für diejenigen unter euch, die sich nicht so gut fallen lassen können, gern die Kontrolle behalten und sich von ihrem Kopf leiten lassen. Einfach nur eine Katze zu sein, kann für solche Frauen ungemein entspannend wirken: Nur noch fühlen. Keine ausschweifenden Unterhaltungen, keine Diskussionen mehr führen.

Sie fährt allein in den Club, genauso wie er. Er trägt eine schwarze Weste auf nackter Haut, dazu eine schwarze Fliege. Er mag Sextoys und hat Handfesseln aus Latex und einen Flogger aus Leder dabei, um seine Partnerin im Club zu verwöhnen.

Macht euch bewusst, was ihr selbst wollt, wonach euch wirklich ist. Da sie als Leopardin hingeht, will sie wahrscheinlich angefasst werden, will ihre wilde Leidenschaft zeigen und ausleben, ihre Raubkatzenkrallen in seinem Fleisch versenken, ungehemmt sein. Er fühlt sich vielleicht eher wie ein Showmaster, will Kontrolle über sie ausüben. Er möchte die Grenzen seiner Partnerin verschieben, etwas weiter gehen als sonst, um sie zu dominieren. Vielleicht möchte er die Wildheit aus ihr herauskitzeln.

Ihr kommt also getrennt im Club an und seid erst einmal auf euch selbst gestellt. Beobachtet, wie die anderen Gäste auf euch reagieren, tauscht Blicke aus, flirtet mit jemandem, den ihr nicht kennt. Das steigert euer Selbstbewusstsein und Selbstwertgefühl und es macht euch mit der Stimmung im Club vertraut.

Dann wird es spannend. Ihr begegnet euch das erste Mal in eurem dem anderen unbekannten Outfit. Kostet diesen Augenblick, den Anblick des jeweils anderen, in vollen Zügen aus. Haltet diesen Moment für euch fest. Wie sieht er/sie genau aus? Was habt ihr als Erstes gedacht? Wie wirkt er/sie? Gibt es etwas, das ihr so noch nie an ihm bzw. an ihr gesehen habt? Merkt euch genau, was das ist. Später könnt ihr immer wieder diese erlebte Momentaufnahme in euer Gedächtnis zurückholen, euch das Prickeln nochmals auf der Zunge zergehen lassen.

Für den gesamten Verlauf des Abends ist es nun aber wichtig, dass ihr möglichst etwas Distanz zueinander bewahrt, dass ihr lange eine Fremde bzw. ein Unbekannter bleibt. Das heißt natürlich nicht, dass ihr euch später nicht anfassen oder küssen sollt. Nur fallt nicht gleich wieder in euren normalen, vertrauten Habitus.

Achtsamkeit und Bewusstheit sind nun gefragt: Ihr beobachtet den anderen, nehmt ihn oder sie wahr, als sei es das erste Mal. Mit dieser Einstellung geht ihr aufmerksam aneinander vorbei und schaut euch von der Ferne an. Danach streift ihr euch beim Vorbeigehen und werft euch tiefe Blicke zu.

Irgendwann dann wird sie zum Beispiel an die Bar gehen, um sich etwas zu trinken zu bestellen, dann kommt er hinzu, stellt sich neben sie, bestellt auch etwas und spricht sie an.

»Bist du das erste Mal hier?«, fragt er.

Sie schaut verwundert, weil sie ihm die gespielte Fremdheit eigentlich gar nicht zugetraut hätte.

»Das zweite Mal«, antwortet sie und wird dabei vielleicht ein Schmunzeln auf seinen Wangen erahnen.

»Ein Frischling also«, sagt er vorgetäuscht erfahren.

»Ja, und ich befürchte noch ziemlich grün hinter den Ohren!«, gibt sie zu.

Das ist sein Stichwort, einen Annäherungsversuch zu starten.

»Ohren?«, sagt er, »da sehe ich nur die einer gefährlichen Raubkatze. Wie wild kann die wohl werden?«, fragt er provozierend.

Sie lächelt und wirft ihm einen zärtlichen Blick zu.

Er nimmt seine mitgebrachten Latexfesseln – vorausgesetzt ihr seid in einem (Erotik-)Club, in dem das möglich ist – und macht eine an ihrem Handgelenk fest.

»Da hilft wohl nur ein bisschen Zähmung«, spricht er weiter, ohne eine Antwort oder Reaktion ihrerseits abzuwarten. Er prüft, ob die Handfessel nicht zu fest sitzt. Dafür lässt er sich Zeit.

»Jetzt habe ich dich!«, sagt er mit einem Mal und blickt ihr dann tief in die Augen. Nun fängt seine Führung an.

Ein solcher Übergriff aus dem Nichts heraus ist nur möglich, weil ihr euch schon sehr gut kennt. Hier habt ihr den Bonus der Vertrautheit. Dennoch ist es an diesem Ort und in dieser Situation etwas ganz Besonderes für sie, etwas, das sie überrascht und ihr das Gefühl des Neuen gibt. So hat sie ihn wahrscheinlich bisher noch nicht erlebt.

»Magst du es, wenn ich dich so fessle?«, fragte er.

»Ja«, gibt sie zu.

Viele Worte werden ihr hier nicht einfallen, sie ist überwältigt von dieser plötzlichen Nähe. Er wird nun etwas mit ihr machen und ihr seid mitten im Spiel, im Kennenlernen des anderen an einem unbekannten Ort und auf eine neue Art und Weise.

Zum Beispiel geht er mit ihr an der Handfessel ein Stück durch den Club, zeigt sich mit ihr in dieser Abhängigkeit. Wenn er mag, wird er ihr auch noch die andere Fessel umlegen. Sie folgt und fühlt sich in das hinein, was ihm gerade in den Sinn kommt. Das entspannt sie, weil sie nichts selbst entscheiden muss. Auch hier solltet ihr den Moment genießen und ihn innerlich festhalten. Ihr geht zum Beispiel gemeinsam tanzen. Bleibt gedanklich im Spiel. Er könnte seine Raubkatze und ihre edle Eleganz den anderen Gästen wie in einer Manege präsentieren, wenn er ihr bestimmte Sachen befiehlt – etwa wie sie sich hinstellen soll oder was sie mit ihm und für ihn machen soll. Vielleicht wird der Dompteur sie mit dem Flogger dressieren? Oder ihr zieht euch in eine intimere Ecke im Club zurück. Wie weit es sexuell geht, bleibt euch in dieser Situation selbst überlassen. Hier orientiert ihr euch an euren Vorlieben und individuellen Präferenzen.

**Resümee:**

Wenn sie es besonders darauf anlegt, für ihren Partner zur verführerischen Anderen zu werden, der er nicht widerstehen kann und die exotisch auf ihn wirkt, dann ist dieses Spiel genau das Richtige.

Denn durch die Kostümierung verfremdet ihr euch voreinander. Das genau macht den Reiz für den jeweils anderen aus. Ihr zeigt euch gegenseitig Seiten eurer versteckten Persönlichkeit, die im Alltag nicht so stark zur Geltung kommen, die aber durchaus bemerkenswert sind und mit denen ihr großen Spaß haben könnt. Vor allem lustig könnte es bei diesem Spiel werden. Humor ist gefragt und wird auch die Situationen beim Club-Besuch auflockern. Wenn ihr einen Hang zum Flachsen und Herumalbern, zum Sich-Verstellen habt, dann ist dieses Spiel besonders passend. Ihr könnt aus euch herausgehen, den anderen herausfordern und ausprobieren, wie er oder sie auf Provokationen reagiert. Das kann viel Freude machen und erotische Erlebnisse der kultivierteren Art erzeugen.

### *Spiel 13: Die Novizin*

Sie ist eine Novizin, die um Aufnahme in einen exklusiven Erotik-Club bittet, in dem sie Herren zu speziellen Diensten verpflichtet sein wird. Ein langjähriges, älteres Mitglied dieses Clubs unterzieht sie einer Begutachtung, um ihre Eignung, ihre Qualitäten und Grenzen auszuloten. Dies ist ein Spiel für sie, wenn sie ihre devote Seite ausleben will. Der männliche Part stimuliert seine dominante Seite.

Sie trägt nur ein langes, lockeres Kleid, das sie leicht ausziehen kann. Darunter ist sie nackt. Es ist für sie fast ein bisschen so, als würde sie in einen Nonnenkonvent aufgenommen werden wollen. Von daher darf das Kleid schlicht sein, hochgeschlossen und lange Ärmel haben. Allerdings gibt es den Unterschied, dass sie keinesfalls sexuell prüde ist, sondern im Gegenteil bereit, in Sachen Erotik vieles mit sich machen zu lassen. Sie wird in diesem Spiel wie ein Ding behandelt, wie ein Objekt, das nur der uneingeschränkten Lust von jemandem anderen dient.

Der Gutachter ist klassisch gekleidet: ein gebügeltes Hemd, eine Anzughose, Halbschuhe. Seine Ausstrahlung ist sachlich, ein wenig streng. Der Partner sollte diese Haltung möglichst die ganze Zeit während des Spiels vertreten. Manchen Männern fällt das leicht, weil sie sich von ihrem Fühlen her einfach in diese Rolle hineinversetzen können. Manchen liegt es gar nicht. Sprecht vorher ab, ob er sich wirklich in dieser Rolle wohlfühlt.

Besorgt euch folgende Gegenstände: Ein Maßband, ein Lineal, ein Halsband mit Leine oder ein leichtes Seil, ein Paar hohe Schuhe, halterlose

Strümpfe, einen Flogger oder einen Gegenstand, mit dem er ihr sanft den Hintern versohlen kann. Wenn ihr mögt, ein paar Nippelklemmen oder alternativ Wäscheklammern aus weichem Material. Dazu einen Dildo oder Vibrator mit Gleitgel.

Diese Gegenstände wird er benutzen, um die Novizin bezüglich ihrer Eignung für die Aufnahme in den exklusiven Club zu überprüfen.

Das Spiel beginnt, indem sie an der Tür der Stadtvilla klingelt, in der der Gutachter wohnt, und vom Butler in die Räumlichkeiten des erfahrenen Clubmitglieds geführt wird.

»Ich habe dich schon erwartet«, sagt der Gutachter.

»Danke für die Einladung!«, antwortet die Novizin höflich.

»Komm herein, ich will dich zunächst einmal betrachten.«

Die Novizin geht mitten in den Raum, der Gutachter läuft um sie herum und mustert ihren Körper von allen Seiten.

»Gefällt mir, was ich sehe! Was möchtest du trinken? Rotwein?«, fragt der Prüfer.

»Ja, bitte!«, sagt sie.

Er schenkt ihr ein Glas ein und reicht es ihr. Sie nippt vorsichtig am Glas.

»Richtig. Immer nur kleine Schlucke. So gefällt mir das!«, sagt er.

»Zieh das Kleid aus!«, befiehlt er daraufhin.

Dieser Schritt ist eine kleine Mutprobe, denn sie trägt nichts drunter und wird nackt vor ihm stehen. Er hingegen ist während des gesamten Spiels angezogen, entkleidet sich höchstens zum Schluss. Somit wird sich in ihr das Gefühl einstellen, entblößt und ausgeliefert zu sein. Sie konzentriert sich aufs Fühlen und schaltet ab. Blickt nach innen.

Zunächst beginnt er, ihre Maße zu nehmen. Hierfür nimmt er das Lineal und das Maßband. Er misst, welchen Umfang ihr Hintern und ihre Taille haben. Dann macht er dies auch mit anderen Stellen ihres Körpers, die er selbst auswählt. Er schreibt die Zahlen auf ein Blatt Papier. Sie merkt, wie er sie wie ein zu vermessendes Nutzobjekt behandelt. Sie ist für ihn wie ein Stück verführerisches Fleisch. Er fühlt, wie ihr Busen in seiner Hand liegt und wie sich andere Körperteile anfühlen, etwa der Bereich zwischen ihren Beinen. Er wird sie hier ein bisschen heißmachen, gerade so, wie es ihm gefällt, oder er kommentiert, wie feucht sie schon ist. Er fasst dann wieder ihre Brust an.

»Ja, dein Busen ist straff und gleichzeitig weich, so mag ich das«, beurteilt er sachlich und kühl.

Dabei bleibt er emotional auf Distanz zu ihr.

»Mal sehen, wie du auf ein Halsband reagierst«, kündigt er an.

Er holt das Halsband und die Leine und legt es ihr an, macht die Leine fest.

»Folge mir!«, befiehlt er nun.

Sie schreitet vorsichtig hinter ihm her. Lässt sich in dieses Geführtwerden hineinsinken, genießt jeden Schritt, den sie so angeleint zurücklegen wird. Er bleibt irgendwann stehen und befiehlt ihr, High Heels und lange Strümpfe anzuziehen. Sie tut das ohne Widerrede, weil sie schließlich in den Club aufgenommen werden will.

»Gut. Zeig dich. Ich will sehen, ob du auf den Schuhen überhaupt gehen kannst. Schließlich soll das ja sexy aussehen.«

Sie gibt sich Mühe, besonders elegant, aber auch aufreizend durch den Raum zu schreiten. Er begutachtet ihre Bemühungen und kommentiert sie.

Im nächsten Schritt des Spiels sagt er ihr, dass sie sich auf einen Sessel, eine Bank, ein Bett oder das Sofa knien und ihm ihren Hintern entgegenstrecken soll. »Stell die Knie dabei weit auseinander und zeig mir deinen Arsch!«, sagt er an, »mal schauen, ob du wirklich geeignet bist, uns in diesem Club zu dienen.«

Solche oder ähnliche Aussagen wird der Gutachter treffen. Wie weit er dabei geht, rein verbal, muss er in der Situation einschätzen. Er kann auch Dildo und Vibrator hinzuziehen, um mit diesen die erotischen Eingänge in deinen Körper zu vermessen. Sie wird sich benutzt fühlen. Da es sehr individuell ist, wie stark sie dieses Gefühl mag, es sie anmacht, liegt es an ihm, hier achtsam vorzugehen. Das heißt, er wird es entweder sehr sanft machen, oder aber im Gegenteil – wenn er merkt, dass sie es sofort sehr mag –, sie sogar noch durch das Anlegen von Handfesseln oder der Augenbinde weiter in ihrem Bewegungs- und Wahrnehmungsradius einschränken, sodass die Erfahrungen stärker für sie werden. Vielleicht wird er sie so gefesselt eine Weile alleinlassen. Er geht in ein anderes Zimmer und führt ein längeres Telefonat. Sie muss ausharren und sich ganz auf ihr Fühlen und sich selbst konzentrieren. Erst nach fünfzehn bis zwanzig Minuten kommt er zurück und wenn er sich jetzt mit ihr beschäftigt, wird sich für sie ein viel intensiveres Erleben einstellen. Die Einsamkeit wird neu gefüllt und gefühlt.

Er wird sie nicht nur an den Stellen befummeln, die sie ihm gerade gezeigt hatte, sondern auch relativ schnell in sie eindringen, ohne große Absprache. Sie konzentriert sich jetzt ganz auf die Öffnung hin zu seinen Berührungen und Bewegungen. Auf Empfang stellen! Ein Ding oder Objekt werden kann sehr erotisch sein, die Basis für eine tiefe Atmung bilden. Sie lässt sich von ihm benutzen, so wie es seine Lust will. Sie probiert aus, was sich für sie gut anfühlt, und verfolgt die besonders lustvollen Momente, geht ihnen uneingeschränkt nach, um sich immer weiter hineinzusteigern, sich fallen zu lassen, sich hinzugeben.

Wenn er sie penetriert, ist folgendes Szenario sehr reizvoll:

»Mal sehen, ob du auch zählen kannst«, sagt der Gutachter. »Zähle meine Stöße mit!«, fordert er sie auf. »Ich gebe dir immer fünf, dann mache ich eine Pause. Wenn du mich dann artig bittest, bekommst du mehr«, kündigt er an.

Sie zählt also laut mit. Nachdem er gestoppt hat, bittet sie ihn um Fortsetzung. Und dies gern, denn nichts nervt mehr, als aufzuhören, wenn es gerade schön wird. Doch wird sie diese Askese weiter anheizen und vielleicht alles intensiver machen.

»Es gefällt mir. Bitte gib mir nochmals fünf Stöße.«

Und wieder wird er es tun. Das Spiel steigert sich in diesem Modus, weil ihr euch gegenseitig hochschaukelt und treiben lasst. Irgendwann wird sie ihre Bitte nur noch unter starker Kraftanstrengung formulieren können. Vielleicht ist es dann nur noch ein Hauchen, weil es sie so sehr erregt. So entsteht eine intime und gleichzeitig auf Absprache basierende, verbindende Situation.

Natürlich wechselt er die Stellung, um sie und ihre Reaktionen auch in anderen Positionen zu testen. Bringt sie die Willigkeit mit, sich und ihren Körper für seine Sexspiele benutzen zu lassen?

»Jetzt will ich testen, ob du Schmerzen in Lust überführen kannst«, kündigt er an.

Dazu sagt er ihr, dass sie sich mit dem Gesicht zur Wand stellen soll. Sie soll die Arme über den Kopf an die Wand stützen, die Beine auseinanderstellen und ihm Platz für seine Finger zwischen ihren Beinen einräumen. Mit der anderen Hand klatscht er ihr auf den Hintern und spricht über ihren knackigen Po und den Klang des Schlags, wenn er auf die Haut prallt. Wenn ihr mögt, nehmt ihr dazu ein Hilfsmittel wie den Flogger oder das Lineal. Bis zu einem bestimmten Punkt wird sie den Schmerz noch als lusterzeugend empfinden. Danach tut es weh. Sie teilt ihm diesen Punkt bei dieser Stellung sofort mit, dann kann er sich auf ihre Grenze einstellen. Frauen sind diesbezüglich sehr verschieden. Was für die eine ein leichter Windhauch, ist für die andere eine klare schmerzhafte Grenzüberschreitung. Hier sind seine Aufmerksamkeit und Sensibilität gefragt.

Danach schaut der Prüfer, ob sie auch verbaler Dominanz gewachsen ist.

»Ich will sehen, dass du mir gehorsam antwortest und brav das tust, was ich dir befehle. Sprich mich ab jetzt nur noch mit ‚Sir' an.«

»Ja, Sir!«, sagt die Novizin und vertut sich an dieser Stelle noch nicht.

»Serviere mir ein Glas Rotwein!«, fordert sie der Gutachter auf.

»Okay!«, sagt sie.

»Wie heißt das?« Der Gutachter traut seinen Ohren nicht. Die verbale Unterordnung scheint der Anwärterin nicht richtig zu gelingen.

»Wiederhole es auf korrekte Weise!«, sagt er streng.

Die Novizin steht erschrocken vor ihm und hat die Fassung verloren.

»Oder muss ich dich bestrafen?«

»Nein, ich habe es vergessen«, stammelt sie.

»Wie? Schon wieder ein Fehler! ‚Ja, Sir' heißt das!«, insistiert der Prüfer.

Die unsichere Anwärterin kommt immer mehr

in eine brenzlige Lage und schweigt lieber, nimmt die Strafe entgegen. Der Gutachter nimmt das Lineal, befiehlt ihr, dass sie sich in einer bestimmten Position nach vorn beugen soll, und klatscht ihr dann drei Mal auf den nackten Po. Der Novizin ist weinerlich zu Mute, sie versucht nun, sich an die Regeln zu halten, und holt den Rotwein. Während sie das tut, fordert der Gutachter wieder eine andere Dienstleistung von ihr, die sie zu seinem Gefallen erfüllen muss.

Dieses Spiel erfordert viel Einfühlungsvermögen von beiden Seiten und häufigere Übung. Das richtige Maß und die richtigen Handlungen und Strafen müssen einvernehmlich gefunden werden. Der Gutachter ist stets streng, doch behält er eine herzliche Grundstimmung bei, ohne die gleitet das Spiel sonst ab.

**Resümee:**

Wenn sie zu den Frauen gehört, die eher devot veranlagt sind, dann ist dieses Spiel besonders gut für sie geeignet, Wege zum Orgasmus zu erkunden. Denn sie muss sich besonders stark fallen lassen. Sie begibt sich in die empfangende, devot unterordnende Rolle, die folgt und nicht selbst entscheidet. Das heißt aber keinesfalls, dass sie passiv ist. Im Gegenteil ist sie sogar sehr aktiv, aber auf eine andere Art und Weise. Sie spürt allem, was sie erregt, nach und folgt diesem Gefühl immer weiter. Sie »hört« förmlich, wie sich die Lust in ihrem Körper versammelt und langsam zu ihr gerauscht kommt, immer mehr wird und intensiver. Sie ist ganz und gar ein Empfangsmedium geworden. Ihre Wahrnehmung wird sich verändern. Sie wird ihre eigene Lust und die Linien ihres Körpers vielleicht plötzlich ganz anders sehen, da sie selbst erregter und erregter wird. Dem sollte sie nachgehen! Jetzt ist die Gelegenheit, weil sie sich ganz auf ihr Inneres konzentrieren kann.

Wahrscheinlich wird sie durch seine Lust an ihr, also seine Lust, die durch sie hervorgerufen wird, auch selbst besonders angeregt werden. Vor allem wird dies durch seine Worte und seine Blicke, seine wertschätzenden Hände, die sie tätscheln und liebkosen, vorangetrieben und angeheizt. Sie sollte für sich selbst experimentieren, ob es sie stark stimuliert, und wo die Grenzen sind.

Dieses Spiel ist auch für ihn eine Herausforderung. Er muss die absolute und kontinuierliche Führungsposition innehalten können. Dazu gehört Übung. Sie muss nachsichtig mit ihm sein, so leicht ist es nicht, Strenge zu spielen und kühl auf Distanz zu bleiben, hierbei nicht zu lachen oder aus irgendeinem blöden Grund aus der Rolle zu fallen. Ihre Lust hängt davon ab, inwieweit er die Strenge halten kann, und sie damit in der Illusion, einer Begutachtung zu unterliegen, verweilen kann.

## *Schlussplädoyer*

Ich hoffe, ich konnte dir und euch mit diesem Ratgeber hilfreiche Ideen bieten und eure Fantasien anregen. Ganz klar, den ersten Schritt wirst du selbst gehen müssen. Fange bei dir an, warte nicht darauf, dass dein Partner oder deine Partnerin auf dich zukommt. Handle selbst, am besten heute noch.

Hürden sind ganz normal und dafür da, überwunden zu werden. Der erste Schritt zu mehr erotischer Kultur in eurer Partnerschaft könnte eine befreiende Erfahrung werden.

Anregungen habe ich euch in diesem Ratgeber gegeben. Wenn das Eis einmal gebrochen ist, dann wird sich eine selbstlaufende Dynamik entwickeln.

Wie Schmetterlinge im Bauch, die wir fühlen, wenn wir verliebt sind, so können sexuelle Handlungen wunderschöne, körperliche Gefühle hervorrufen.

Sex ist eine intensive und zutiefst befriedigende Kommunikationsform. Wenn sich eure Körper berühren und sich ineinander verflüssigen, verschmelzen, ihr in einen Flow miteinander geratet, dann werden Reibungen in spritzige und auflodernde Gefühle umgesetzt, sanfte Schwingungen in Klänge umgewandelt. Fleischliches wird zu prickelndem Gefühl und innigem Fühlen. Wie dies geschieht? Durch die Öffnung des Herzens für den anderen, durch das bewusste Erleben im Hier und Jetzt, durch Atmen. Atmet den Körper des anderen in euch hinein.

Kultivierung von Sex heißt nicht nur Sexpraktiken erlernen, sondern den anderen mit seinem Herzen zu umschließen, ihn wieder mit einem liebenden Gefühl zu sehen.

Um die Kraft der sexuellen Dynamik zwischen Mann und Frau wieder genießen und für den Alltag nutzen zu können, macht Erotik zu einem neuen, euch wieder verbindenden Projekt. Ein Projekt, das ihr zusammen startet.

Das Ganze ist Übungssache. Vielleicht erfüllen sich deine kühnsten Fantasien nicht sofort. Finde gemeinsam mit deinem Partner oder deiner Partnerin heraus, welche der Spiele für euch am schönsten sind, was euch liegt und wo ihr euch wiederfinden könnt.

Techniken müssen ausprobiert, ein gemeinsamer Modus des Humors muss gefunden werden. Wer gern spielt und sich verstellt, ausprobieren will, wie es ist, jemand anderes zu sein, wird es leicht haben.

Nutzt die Vertrautheit eurer Beziehung, um euch selbst voreinander wieder fremder zu werden. Diese Fremdheit ist eine gespielte, es ist ein künstlicher, kreativer Raum, den ihr mit euren Wünschen füllt. Hier herrschen Humor und Spaß, die euch helfen, intensive neue Sexerfahrungen zu kultivieren. Fügt eurem Leben eine dauerhafte Komponente neuen Sex- und Herzerlebens hinzu, die eure Liebe zueinander verstärken wird. Viel Glück dabei!

# Weitere erotische Ratgeber:

Eine sinnliche Massage kann eine der beglückendsten sexuellen Aktivitäten sein, die es gibt. Wenn man dann noch die besten Tricks, Griffe und Techniken beherrscht, um lustvolle Gefühle zu erzeugen, wird daraus ein geradezu himmlisches Erlebnis. Dieser Ratgeber verrät dir eine Unmenge an Tipps, aus denen du dich nur noch zu bedienen brauchst: Du wirst lernen, wie du die ideale Atmosphäre erzeugst, welche Körperzonen du auf welche Weise berühren kannst, um deinen Partner besonders heftig zu erregen, und wie du dafür sorgst, dass auch du diese Massage bis zu ihrem Höhepunkt genießt.

Herzliche Grüße Arne Hoffmann

# LESEPROBE:

## HENRIETTE JADE
## PURE LUST

... Sie planten, getrennt hinzufahren. Seit einer Weile schon hatten sie über ein Abenteuer nachgedacht. Heute Nacht sollte es so weit sein.

Schon aufgeregt?, fragte Ralph in einer SMS.

Ein bisschen schon, ja. Aber mal sehen, ob Du mich in dem Laden überhaupt wiedererkennst in meinem Raubkatzen-Outfit!, antwortete Annika provokant.

Na warte. Du entkommst mir nicht!, schrieb er zurück.

Dazu musste er sie aber erst einmal aufspüren in ihrem Leopardenkostüm mit Fellapplikation und Katzenohren, das sie sich extra für dieses Spiel zugelegt hatte.

Jeden Abend Serien gucken wollte sie nicht mehr und auch keine endlosen Jobgespräche mit ihm führen.

Da war dieses Buch gewesen, das ihr eine Freundin geschenkt hatte. »Das hat uns auf ganz neue Ideen gebracht«, hatte sie gesagt.

Es war ein Erotik-Ratgeber der anderen Art – Rollenspiele für Paare, ohne großes Problemewälzen. Keine Paartherapie im klassischen Sinne, sondern anwendungsorientiert, Ausbruch aus dem Alltagstrott.

Seit fünf Jahren waren sie und Ralph jetzt zusammen. Vier davon lebten sie in einer gemeinsamen Wohnung. Annika war 31 Jahre alt und arbeitete als Optikerin. Der 32-jährige Ralph war Software-Entwickler.

Heute Nacht wollten sie das Vertraute als das Fremde, das Bekannte als das Entfernte und Aufregende spüren.

Annika musste allen Mut zusammennehmen, um allein in den Erotik-Club zu fahren. Sie wusste, wie freizügig und lasziv es darin zuging.

Einfach machen lassen, einfach nur da sein, versuchte sie, ihre Selbstkontrolle auszutricksen, indem sie sich das immer wieder selbst vorbetete. Entspann dich. Doch es waren nicht nur diese Worte, sondern auch ihr Gefühl, dass sie wirklich bereit war. Sie wollte spielen, wollte andere Seiten ihres Selbst kennenlernen. Bis zu welchem Punkt würde sie gehen?

Als sie mit dem Taxi ankam, standen die Leute am Eingang Schlange.

»Na, dann viel Spaß, wünsche ich«, sagte der Taxifahrer und grinste in den Rückspiegel.

Annika stieg aus. Auf dem Weg zum Eingang fühlte sie ein leicht mulmiges Kribbeln in der Magengegend. Sie ging an den Security-Männern vorbei. Dann stellte sie sich hinter eine Gruppe von Leuten mittleren Alters, die Englisch sprachen. Gleich, es kann nicht mehr lange dauern, dachte sie.

Als sie dann drin war, empfing sie eine stimmungsvolle Clubatmosphäre in einer alten Fabriketage, die in mehrere Räume mit Tanzflächen und Separees eingeteilt war. Sie fühlte die Blicke der anderen Gäste, die sie taxierten. Erst mal an die Bar, einen Prosecco bestellen, sagte sie sich. Im großflächigen Spiegel hinter und über der Bar sah sie ihre künstlichen Wimpern, die dunkel geschminkten Augen, die unter den Leopardenohren hervorblitzten. Ob Ralph schon da war? Es war weitläufig hier drinnen. Doch sie würde ihn nicht suchen, er sollte sie finden.

Sie schob ihren Hintern auf einen Barhocker und nippte am Glas.

»Hey, schöne Katze!«, sagte ein Typ an der Bar zu ihr, der sich ein Bier bestellte.

Annika lächelte ihn an, fühlte sich geschmeichelt. Ihre Hände griffen an ihre Ohren, ihr Kopf glitt in den Nacken und sie betrachtete genüsslich ihr schwarzes Halsband mit Silberring im Spiegel. Da war er. Ralph ging ein Stück entfernt hinter ihr an der Bar vorbei und warf ihr einen flüchtigen Blick zu. Reflexartig drehte sie sich um, sah noch seinen Rücken, der in der Menge verschwand. Neugierig schaute sie ihm nach. Wow, was trägt der denn?, durchfuhr es sie. Er hatte einen an den Schultern mit Fransen besetzten roten Kurzmantel mit goldenen Knöpfen gewählt, dazu eine schwarze Fliege auf nackter Brust, einen schwarzen Zylinder und Stiefel. Seine Hand umfasste eine lange Lederpeitsche. Großkatzen-Dompteur. Oh, da muss ich mich in Acht nehmen! Sie spürte, dass er sie gesehen hatte, sie aber ignorierte, als würde er sie nicht kennen. Sollte sie hinterher? Nein, halt, langsam, sagte sie sich, nicht so schnell. Schließlich wollte sie sich heute anders amüsieren, Punkt der Anziehung werden, Objekt der Begierde sein. Attraktion. Erst mal schauen, was auf der Tanzfläche passierte.

Langsam setzte sie sich in Bewegung. Der Techno-Beat dröhnte und ließ alle Körper im Rhythmus zucken. Die meisten tanzten allein, einige zu zweit. Sie zeigten sich voreinander. Männer mit nackten Oberkörpern, nur mit einem Leder-Harnisch bekleidet. Frauen in halterlosen Strümpfen und Federschmuck im Haar.

Ihr Körper drängte sich dazu und fiel in dieselben Bewegungen wie die anderen Tanzenden. Nicht nur die Arme und Beine standen in Kontakt, sondern auch die Blicke. Die Männer in ihrer unmittelbaren Nähe schauten zu ihr, sahen ihr Dekolleté, glitten an ihrem Hintern entlang. Sie fühlte förmlich, wie die Energien im Raum auf ihre Kurven trafen. Nicht alles mochte sie, manche Angebote wehrte sie ab, andere lud sie durch ein Lächeln ein. Sie drehte sich einmal um die eigene Achse. Und dann spürte sie Blicke von weit weg, deren Schwingungen ihr gut bekannt waren. Am Rande der Tanzfläche, ihr vis-à-vis, tanzte er – Ralph. Sein Blick traf ihre Augen krachend wie Blitz und Donner. Als würde er sagen: gesehen, ertappt. ...